Lottemi Doormann

»Ein Feuer brennt in mir«

Lottemi Doormann

»Ein Feuer brennt in mir«

Die Lebensgeschichte der Olympe de Gouges

BELTZ
& Gelberg

Lottemi Doormann, geboren 1943 in Berlin, studierte Germanistik, (Kunst-)Geschichte, Theaterwissenschaften und Soziologie, lebt als freie Journalistin und Autorin in Hamburg. Sie veröffentlichte etliche Bücher zum Thema Emanzipation, Erziehung und Gesellschaft, Erzählungen in Anthologien, Rundfunk-Features und Reportagen u. a. in »Merian«, »Geo« und »Zeit«. Zuletzt schrieb sie als Ghostwriter die Autobiographie eines bekannten Ex-Schauspielers und Helfers in Afrika.

Lektorat Frank Griesheimer

Programm Beltz & Gelberg, Weinheim

Einband und Reihenlayout von Willi Glasauer
Gesamtherstellung Druckhaus Beltz, 69494 Hemsbach
Printed in Germany
ISBN 3 407 80725 2

Inhalt

Prolog

Sie gilt als Ahnfrau des Feminismus: Olympe de Gouges, die Verfasserin der legendären *Erklärung der Rechte der Frau und Bürgerin.* Als 1789, im ersten Jahr der Französischen Revolution, die Nationalversammlung die »Erklärung der Rechte der Menschen und Bürger« verkündete, sollte die Hälfte der Bevölkerung, die Frauen, von diesen Menschenrechten ausgeschlossen bleiben. Das brachte die Pariser Dramatikerin Olympe de Gouges auf den Plan: Punkt für Punkt schrieb sie 1791 die siebzehn Artikel der Menschenrechtserklärung zu einer Proklamation der Gleichheit der Geschlechter um.

Außer diesem bemerkenswerten, ihrer Zeit weit vorauseilenden Manifest ist das Leben und Werk der Revolutionärin, Feministin und Schriftstellerin Olympe de Gouges weitgehend unbekannt geblieben. Sie hinterließ allein über vierzig Theaterstücke, dazu mehrere Romane und vor allem eine fast unüberschaubare Flut von Pamphleten. Da es ihr als Frau verwehrt war, das Wort auf der Rednertribüne zu ergreifen, verschaffte sie sich Gehör, indem sie ihre scharfzüngigen Streitschriften in ganz Paris plakatieren ließ. Zweifellos war sie eine der abenteuerlichsten Gestalten der Revolutionsjahre, legendenumwoben schon zu Lebzeiten.

Die Aura des Geheimnisses, die ihre Person umgab, förderte sie selbst nach Kräften. *Ich bin ein Lebewesen ohnegleichen; ich bin nicht Mann noch Weib, besitze allen Mut des einen und zuweilen die Schwächen des andern*, hat Olympe de Gouges ein Jahr vor ihrem Tod über sich selber gesagt.* Mit ihrem Lebensstil und ihren emanzipatorischen Ansprüchen paßte sie in kein Korsett ihrer Zeit.

* Die kursiv gedruckten Passagen sind Zitate aus Olympe de Gouges' Schriften.

Ihren Zeitgenossen war die ehrgeizige Autodidaktin ein Stein des Anstoßes. Einer ihrer Kollegen, der Schauspieler Fleury von der Comédie Française, spottete in seinen Memoiren: »Madame de G*** war eine dieser Schriftstellerinnen, denen man am liebsten ein Paar Rasiermesser geschenkt hätte; eine dieser Frauen, denen es mit unendlichen Mühen gelungen ist, sich so unweiblich wie möglich zu geben«.[1] Und noch Anfang dieses Jahrhunderts meinte ein Militärarzt namens Dr. A. Guillois bei Olympe de Gouges eine ›Paranoia Reformatoria‹ diagnostizieren zu können, also eine wahnhafte Übersteigerung reformatorischer Ideen.[2]

Bis heute prägen Vorurteile – positive und negative – das Bild der couragierten Autorin der Frauenrechtserklärung, die in den Abhandlungen über die Französische Revolution allenfalls mit einer Fußnote erwähnt wird. Während man sie früher als Wahnsinnige abtat, idealisieren manche Protagonistinnen der Frauenbewegung sie heute gern als Heldin, die im Kampf für die Rechte der Frauen ihr Leben verlor und ein Opfer der Männerwelt wurde.

Wer aber war diese Olympe de Gouges wirklich? Dieses Buch entwirft das facettenreiche Bild einer widersprüchlichen Persönlichkeit. Es erzählt die Geschichte einer unkonventionellen Frau, die sich mit allen Fasern ihres Herzens für die Revolution engagierte und sich diese ohne die rechtliche Gleichstellung der Geschlechter nicht vorstellen konnte. Viele ihrer Ideen sind bis heute aktuell geblieben, manche noch immer nicht eingelöst.

Doch auch ihre Irrtümer und Eitelkeiten sollen nicht verschwiegen werden. Warum widmete sie zum Beispiel ihre Erklärung der Frauenrechte Königin Marie Antoinette? Warum beschimpfte sie die Revolutionsführer Robespierre und Marat als Mörder? War sie eine Royalistin oder, wie manche behaupten, eine »Republikanerin der ersten Stunde«? War sie, wie es die Legende will, die Gründerin und Organisatorin der revolutionären Frauenclubs? Und schließlich: Ist es wahr, daß Olympe de Gouges ihrer feministischen Ideen wegen hingerichtet wurde?

Solchen Fragen nachzugehen heißt, an die Stelle der Mythen genau recherchierte Fakten zu setzen. Nur vor dem Hintergrund der konkreten historischen Situation ist es überhaupt möglich, das Werk und die Persönlichkeit Olympe de Gouges', dieser ›Kassandra‹ der Französischen Revolution, angemessen zu beurteilen. Indem Olympes Texte und Taten präzise in den Kontext der politischen Ereignisse gerückt werden, können die LeserInnen ihre Ideen nachvollziehen und sich selbst ein Urteil bilden.

1
Tod auf dem Schafott

Der 3. November 1793

Am Tag, als Olympe de Gouges auf der Place de la Révolution hingerichtet werden sollte, peitschten heftige Regenfälle durch die Straßen der französischen Hauptstadt. Der November 1793 hatte ungewöhnlich kalt begonnen. Nachts war das Thermometer unter Null gesunken, so daß die Todgeweihte in ihrer Zelle vor Kälte zitterte.

Vor knapp einer Woche, am 28. Oktober, war Olympe de Gouges auf Befehl des Öffentlichen Anklägers Fouquier-Tinville in die Conciergerie verlegt worden, »Vorzimmer des Todes« genannt. Dennoch wollte sie nicht glauben, daß das Revolutionstribunal es wirklich wagen würde, sie zu verurteilen. Sie, die Bürgerin de Gouges, der *ein republikanisches Herz schon in die Wiege gelegt* worden war und die ihr *ganzes Vermögen der Revolution geopfert* hatte! So empörte sie sich noch im August in einer aus der Haft geschmuggelten Schrift, in der sie ihre Gegner als *käufliche Hofschranzen* und *Eintagsrepublikaner* beschimpfte. Und trotz freundschaftlicher Warnungen hatte sie das Pamphlet mit dem Titel *Olympe de Gouges vor dem Revolutionstribunal* an den Mauern von ganz Paris plakatieren lassen:

Erbleicht, ihr gemeinen Denunzianten. [...] *Ihr habt mich ins Gefängnis werfen lassen, weil meine Wachsamkeit euch für eure verbrecherischen Absichten gefährlich erschien und ihr mich los sein wolltet. Erbebt, ihr neuen Tyrannen! Meine Stimme wird sich noch aus des Grabes Tiefe Gehör zu verschaffen wissen.*[1]

Eine rhetorische Floskel, die schon bald so wahr werden sollte, wie sie ihre Urheberin gewiß nicht gemeint hatte. Als Olympe de Gouges am frühen Morgen des 2. November 1793, nach insgesamt dreieinhalbmonatiger Untersuchungshaft, aus ihrer Zelle in der Conciergerie geholt wurde, um zum letzten Mal vor dem Revolutionstribunal verhört zu werden, schien sie den

Ernst ihrer Lage keineswegs zu begreifen. Ob es nicht bis zu ihr in die finsteren Gewölbe des Gefängnisses gedrungen war, daß Königin Marie Antoinette bereits am 16. Oktober das Blutgerüst bestiegen hatte? Wußte sie nicht von dem »Verdächtigen«-Gesetz, das seit dem September jede willkürliche Verhaftung erlaubte? Jenes Terrorgesetz, mit dem die Schreckensherrschaft der Französischen Revolution eskalierte, die Zeit der »Terreur«, der erbarmungslosen Schauprozesse und Massenhinrichtungen. Hatte sie nicht von den großen Prozessen im Oktober gegen die Girondisten, die gemäßigte Fraktion des Nationalkonvents, erfahren? Nicht vom Todesurteil gegen einundzwanzig dieser liberalen Abgeordneten, vollstreckt am 31. Oktober? Und hatte man ihr nicht einmal zugetragen, daß sämtliche Frauenclubs und Frauenversammlungen seit dem 30. Oktober verboten waren?

Wahrscheinlich wußte sie von all den alarmierenden Ereignissen des blutigen Herbstes 1793 nichts, als sie an diesem kalten Novembermorgen in den »Saal der Gleichheit«, den Sitzungssaal des Revolutionsgerichts, geführt wurde, vorbei an den vollbesetzten Zuschauertribünen. An einem langen Tisch Präsident, Richter und Ankläger in schwarzer Tracht. Man wies ihr einen erhöhten Sitz vor den Geschworenenbänken zu. Drei Zeugen wurden vereidigt: ein Schreibwarenhändler, ein Drukker und die Tochter des Plakatierers, der sie angezeigt hatte. Dann forderte der Präsident die Gefangene auf, ihre Personalien anzugeben.

»Marie Olympe de Gouges«, antwortete sie stolz, »38 Jahre alt, Literatin, geboren in Montauban, wohnhaft in Paris, Rue de Harlay, Sektion des Pont-Neuf.«

Tatsächlich war sie schon fünfundvierzig, doch immer noch funkelten ihre schönen dunklen Augen in einem schmalen, ausdrucksvollen Gesicht. Seit einiger Zeit gab sich Olympe de Gouges kokett um sieben Jahre jünger aus, »korrigierte« ihr Geburtsdatum auch in ihren Pässen. Deshalb taucht in etlichen Veröffentlichungen über sie bis heute das gefälschte Geburtsjahr auf.

Es wurde die Anklageschrift verlesen. Übrigens in Abwesenheit des Öffentlichen Anklägers Fouquier-Tinville, für den sein Stellvertreter fungierte. Man beschuldigte Olympe de Gouges des Verrats an der einen und unteilbaren Republik. In ihrem Pamphlet *Die drei Urnen oder Das Heil des Vaterlandes* habe sie gefordert, das Volk zwischen einer republikanischen, einer föderalistischen oder einer monarchistischen Regierung wählen zu lassen – ein eindeutiger Verstoß gegen das Gesetz vom 29. März 1793, das da lautete: »Wer durch Wort oder Schrift die Auflösung der Volksvertretung, die Wiedereinführung der Monarchie betreibt oder jedes andere Attentat auf die Souveränität des Volkes begeht, wird vor das Revolutionstribunal geführt und mit dem Tode bestraft.«[2]

Offensichtlich hatte sich die Literatin de Gouges beim Verfassen ihrer Manifeste weit mehr an der revolutionären Freiheit orientiert als an den diese Freiheit einschränkenden Dekreten! Lächerlich und falsch kam ihr die Anklage des Tribunals vor, die ein Gerichtsschreiber mit monotoner Stimme vortrug:

»Wider den Wunsch, den die Mehrheit der Franzosen für die republikanische Regierung zum Ausdruck gebracht hat und in Mißachtung der Gesetze, die sich gegen jedermann richten, der eine andere Regierungsform vorschlägt, hat Olympe de Gouges Werke verfaßt und drucken lassen, die nur als ein Attentat auf die Volkssouveränität verstanden werden können, da sie darauf abzielen, das in Frage zu stellen, worüber das Volk seine Wünsche aufs entschiedenste geäußert hat. [...]

Über die hinterhältigen Absichten dieser kriminellen Frau kann man sich nicht täuschen. Ebensowenig wie über ihre versteckten Motive, die man in all ihren verleumderischen Werken erkennen kann – als deren Strohmann sie zumindest fungiert. Offensichtlich ist auch die Bösartigkeit, die sie auf Dauer auch den wärmsten Freunden des Volkes und seinen unerschrockensten Verteidigern einflößt.«[3]

Kaum hatte der Gerichtsschreiber geendet, äußerte Olympe de Gouges ihr Befremden darüber, daß ihr Anwalt noch nicht erschienen sei. Man erklärte ihr, er habe es abgelehnt, sich mit ihrem Fall zu befassen. Olympe, unruhig geworden, verlangte

einen andern. Da unterbrach sie der Präsident barsch: »Sie sind doch geistreich genug, sich selbst zu verteidigen!«
So hat sie es in ihrem letzten Brief festgehalten. *Ja, ohne Zweifel*, fährt sie darin fort, *Verstand hatte ich genug, um meine Unschuld zu verteidigen, die in den Augen aller Anwesenden für sich selber sprach. Ich wies jedoch nicht so nachdrücklich, wie das ein Verteidiger getan hätte, auf all die Dienste und Wohltaten hin, die ich dem Volk erwiesen habe.*[4]
Es war ihre letzte große Szene. Überzeugt von ihrer Unschuld, gelang es ihr wiederholt, das Publikum zu beeindrucken. Doch die Geschworenen konnte sie nicht mehr umstimmen. Da griff sie zu einer List, um ihr Leben zu retten: Sie behauptete, schwanger zu sein. Schwangere wurden nicht hingerichtet.
Die Zuschauer, ja sogar Richter und Ankläger brachen in schallendes Gelächter aus. Das zarte Geständnis der Olympe wurde ins Protokoll aufgenommen und eine gynäkologische Untersuchung angeordnet. Nachdem die allgemeine Erheiterung abgeklungen war, verkündete der Präsident das Todesurteil:
»Das Tribunal fällt nach der einstimmigen Juryentscheidung folgendes Urteil:
Erstens. Es steht fest, daß die in diesem Prozeß behandelten Schriften auf die Wiedereinsetzung einer die Volkssouveränität verletzenden Macht abzielten.
Zweitens. Daß Olympe de Gouges, die sich Witwe Aubry nennt, für schuldig befunden wird, Autor dieser Schriften zu sein. Das Gericht verurteilt, indem es den Antrag des Staatsanwaltes gelten läßt, besagte Marie Olympe de Gouges, Witwe Aubry, zur Todesstrafe.«[5]
Sie soll ihren Platz fast unbewegt verlassen haben. Am Nachmittag erschienen zwei Ärzte und eine Hebamme, die den Zustand der Verurteilten nicht sicher feststellen konnten. Olympe hatte ihnen erklärt, erst seit kurzer Zeit schwanger zu sein. Ankläger Fouquier-Tinville sah keinen Grund, die Hinrichtung zu verschieben. Ihr blieben noch 24 Stunden bis zum Schafott.
Ob sie in ihrer letzten Nacht, allein in der eiskalten Zelle, mit

ihrem Schicksal haderte? Ob sie ein wenig Schlaf fand? In den frühen Morgenstunden des 3. November 1793, als der Tod immer näher rückte, schrieb Olympe de Gouges ihren letzten Brief – an ihren Sohn, den Bürger Degouges, Offizier in der Rheinarmee. Vermutlich diktierte sie den Brief einem Gefängnisschreiber, da sie mit dem Schreiben zeitlebens große Mühe hatte:
Ich sterbe, mein geliebter Sohn, ein Opfer meiner abgöttischen Liebe für Vaterland und Volk. Seine Feinde, die sich trügerisch der Maske des Republikanertums bedienen, haben mich skrupellos aufs Schafott entsandt. [...] *An die zwanzig Mal habe ich meine Henker erbleichen sehen. Da sie nicht wußten, was sie auf jeden meiner Sätze, die meine Unschuld und ihre Böswilligkeit zum Ausdruck brachten, antworten sollten, so haben sie das Todesurteil verhängt ... Adieu, mein Sohn, ich werde nicht mehr am Leben sein, wenn Du diesen Brief erhältst.* [...]
Und von eigener Hand fügte sie noch die Zeilen hinzu: *Ich sterbe, mein Sohn, mein geliebter Sohn, ich sterbe unschuldig. Alle Gesetze hat man verletzt für die tugendreichste Frau ihres Geschlechts ...*[6]

Der Henker und sein Gehilfe kamen am frühen Nachmittag, um die Verurteilte abzuholen. »Kaum niedergeschlagen« soll sie die Zelle verlassen haben. Henry Sanson, der Henker, berichtete später in seinen »Mémoires«, daß sie, nachdem ihr der Gehilfe das geöffnete Haar in großen Büscheln abgeschnitten hatte, kokett einen Spiegel verlangte: »Gott sei Dank, murmelt sie, ist mein Gesicht nicht zu fahl, es wird mir keinen üblen Streich spielen.«[7] Ob ihre schwarzen Locken schon grau waren, wie andere Zeitgenossen behaupteten – wir wissen es nicht.
Als sie kurz darauf die Stufen zum Cour du Mai hinaufstieg, hatte es gerade aufgehört zu regnen. Der Schinderkarren wartete schon. Trotz der Kälte hatte sich viel Volk angesammelt. Die Unglückliche trug nun die übliche weiße Haube der Verurteilten über dem entblößten Hals, und ein Strick schnürte ihre Handgelenke auf dem Rücken zusammen. Gewandt klet-

terte sie auf einer kleinen Leiter in den Karren und setzte sich auf der Holzbank nieder. Gegen die Fahrtrichtung, wie man es ihr befahl. Sofort erteilte Henker Sanson das Abfahrtsignal.
»Die Menge ist in Aufruhr«, berichtet der französische Biograph Olivier Blanc, »und der Konvoi setzt sich nur schwer in Bewegung; er wird begleitet von berittenen Gendarmen und Nationalgardisten. [...] Die Fahrt dauert eine Stunde. Eine wahre Folter, ein Todeskampf. Denn die Bürger hängen, bereit die Verurteilte zu beschimpfen, in den Fenstern der Häuser und drängen sich an den Kreuzungen oder auf den Stufen der Kirche Saint-Roch.«[8]
Plötzlich erhob sich die frierende Frau in dem holpernden, von einem Gaul gezogenen Schinderkarren, und der Henker hörte, wie sie »mit fieberhaft deklamatorischer Stimme« zu der erstaunten Menge zu sprechen begann. Immer schon hatte Olympe de Gouges beim Publikum gemischte Gefühle provoziert. »Ebenso schön wie gerissen« sei sie, sagten nun die Leute auf der Straße, und daß sie »Haß und Liebe gleichzeitig« erwecke. Manche machten sich auch lustig über die ehemalige Kokotte Olympe, die »ihre Phasen wie der Mond« gehabt habe. Denn habe sie sich nicht »ebensosehr als Republikanerin wie als Royalistin gezeigt«? Andere wiederum behaupteten, von ihrer berühmten Schönheit sei nichts übriggeblieben. Doch der Dramatiker Arnault, der den Konvoi an der Kirche Saint-Roch vorbeikommen sah, beschrieb die Todeskandidatin in seinen »Erinnerungen eines Sechzigjährigen« als »ebenso schön und mutig wie Charlotte Corday«.[9]
Ob Olympe de Gouges während der Spießrutenfahrt zum Schafott jener Frauen gedachte, die vor ihr den schweren Gang antreten mußten? Zum Beispiel die jungfräuliche Attentäterin Charlotte Corday, die, um das Vaterland zu retten, den radikalen Revolutionär Jean Paul Marat in der Badewanne erdolcht hatte und am 17. Juli 1793, drei Tage vor Olympes Verhaftung, unter dem Beil der Guillotine gestorben war. Die sanfte Mörderin, rätselhaft und blühend schön, hatte angesichts des Todes »eine feierliche und schlichte Heiterkeit« bewahrt; sie habe die Herzen verwirrt und sie voll Staunen

zurückgelassen, notierte Jules Michelet, einer der bedeutendsten französischen Historiker des 19. Jahrhunderts.[10]
Sie waren sich nie begegnet, diese beiden leidenschaftlich engagierten und doch so verschiedenen Frauen. Auch Olympe de Gouges hatte Marat gehaßt, der in seiner Zeitung »Ami du Peuple« geschrieben hatte, man würde mit der Revolution nichts ausrichten, wenn man nicht zuvor ein paar tausend Aristokratenköpfe abschlüge. Aber Olympe hatte nicht mit dem Messer gekämpft, sondern mit dem Wort. Schonungslos hatte sie sich nicht nur mit Marat, sondern auch mit Robespierre angelegt, einem der mächtigsten Männer der Revolution. Mußte sie deshalb sterben? Oder sollte sie büßen für ihre Erklärung der Frauenrechte, die sie ausgerechnet Königin Marie Antoinette gewidmet hatte? Jenes Manifest, das erst lange nach ihrem Tod berühmt werden sollte und in dem sie ihren kühnsten Satz verkündete: *Die Frau hat das Recht, das Schafott zu besteigen; gleichermaßen muß ihr das Recht zugestanden werden, eine Rednertribüne zu besteigen.*
Nun war – eine bittere Pointe des Schicksals – der Schinderkarren Olympe de Gouges' Tribüne. Doch als der Wagen ratternd in die schmale Rue Saint-Florentin einbog, in der früher die Aristokratie gewohnt hatte und im Herbst 1791 eine Zeitlang Robespierre, verstummte die Rednerin. Hier waren die Fenster, dicht besetzt mit Schaulustigen, so greifbar nahe, daß die Verurteilte die spöttischen Zurufe kaum ertrug.
Da erblickte sie, unerwartet und überwältigend groß, die Place de la Révolution mit der kolossalen Freiheitsstatue. Der Platz war belebt, als ginge es einem Fest entgegen. Blumenmädchen und Limonadenverkäufer drängten sich zwischen den Neugierigen, die fröhlich auf die Hinrichtung eines Weibes warteten. Plötzlich begriff sie, daß es um sie ging, Olympe in diesem erbärmlichen Büßergewand, und sie erbleichte. Seit die Königin vor fünfzehn Tagen geköpft worden war, hatte keine Frau mehr das Blutgerüst betreten, um den »Hechtsprung mit den Händen auf dem Rücken« zu machen, wie das Volk böse witzelte. Man knabberte frischgeröstete Kastanien, die an allerlei Ständen feilgeboten wurden, und der Duft der Maronen

Olympe de Gouges wird am 3. November 1793 auf dem Platz der Revolution hingerichtet, Stich von Mettais.

vermischte sich mit dem Geruch regenfeuchten Herbstlaubes. Vielleicht war dies der Augenblick, in dem Olympe de Gouges ihre endgültige Verlassenheit am heftigsten fühlte. Dachte sie an ihren Sohn? Schon lange hatte sie von ihm keine Nachricht mehr erhalten. Er war ein Soldat der Republik, und sie wußte nicht einmal, ob er noch am Leben war. Als der Karren die steinernen Heldenfiguren auf dem Platz passierte, hörte der Henker, wie sie ausrief: »Welch ein fataler Wunsch, nach Berühmtheit zu trachten, warum nur wollte ich etwas sein?« Und während sie aus dem Wagen stieg und das Messer der Guillotine aufblitzen sah, soll Olympe verächtlich gesagt haben: »Sie werden zufrieden sein, wenn sie den Baum und den Ast zerstört haben...«

Dann betrat sie die Stufen des Schafotts, »blaß wie alle Verurteilten in den letzten Sekunden vor dem Tod. Von der Plattform herab sucht sie die versammelte Menge mit den Augen ab, und zuversichtlich ruft sie aus: ›Kinder des Vaterlandes, Ihr werdet meinen Tod rächen!‹

Gefügig läßt sie sich gegen das Brett ziehen. Von weitem hört man das Vieruhrgeläut. Eine Ewigkeit. Das Fallbeil stürzt dumpf herab, der Kopf prallt ab und fällt blutig in den bereitgestellten Korb...

Augenblicklich strömt die Menge auf die Place de la Révolution, wie auf Kommando erhebt sich ein Geschrei: ›Es lebe die Republik!‹«[11]

Kurz darauf war der Platz des Schreckens und der Tragödien wieder menschenleer. Niemand schien um die stadtbekannte Verfasserin wenig erfolgreicher Theaterstücke und zahlloser schriller Pamphlete zu trauern. Es begann wieder zu regnen, und die Kälte hielt an.

Schon fünf Tage später, am 8. November 1793, bestieg erneut eine Frau das Blutgerüst und schritt »lächelnd hinan in die Unsterblichkeit«: die Schriftstellerin Madame Roland. Oben angekommen, wandte sie sich der Freiheitsstatue zu und sprach die gültigsten letzten Worte eines Revolutionsopfers: »O Freiheit, was für Verbrechen werden in deinem Namen begangen!«[12]

2

Das Geheimnis eines illegitimen Adelskindes

Kindheit und Jugend im okzitanischen Montauban

Der Weg in die Unsterblichkeit war lang für Olympe de Gouges. Fast zweihundert Jahre sollte es dauern, bis sich ihre Stimme »aus des Grabes Tiefe« Gehör verschaffte – dank der Forschung feministischer Historikerinnen in der Neuen Frauenbewegung. 1979 erschien ihre *Erklärung der Rechte der Frau und Bürgerin* erstmals in vollständiger deutscher Fassung, noch im selben Jahr folgte eine Auswahl ihrer politischen Schriften; ihr weniger bekanntes literarisches Werk wurde bis heute nur auszugsweise in einer französischen Anthologie veröffentlicht.[1]

Doch ein Flüstern ihrer Stimme hatte die Geschichtsschreibung bereits Mitte des 19. Jahrhunderts vernommen. In seiner Hommage an die »Frauen der Revolution« erwähnte der Historiker Jules Michelet die »hervorragende Stegreifdichterin aus dem Süden«, Olympe de Gouges, »die, wie Lope de Vega, jeden Tag ein Trauerspiel diktierte. Sie war sehr ungebildet, man hat sogar behauptet, daß sie weder lesen noch schreiben konnte. [...] Diese unglückliche Frau, die voller edler Ideen war, wurde das Spielzeug und das Opfer ihrer nervösen Reizbarkeit. Sie hat das Recht der Frauen durch ein richtiges und großes Wort begründet«, gestand ihr Michelet immerhin zu und zitierte ihren pointierten Satz vom Schafott und der Rednertribüne.[2]

Nicht einmal dieses Minimum an Respekt wurde der Schriftstellerin Olympe de Gouges zu Lebzeiten entgegengebracht. Die wütende Ablehnung ihrer Zeitgenossen repräsentiert am schärfsten Rétif de la Bretonne, ein Bauernsohn und hochbegabter sozialkritischer Vielschreiber, der sie noch kurz nach ihrer Hinrichtung mit beißendem Spott überhäufte: »All jene, die uns von der Furie de Gouges erzählt haben (ein Name, der ihr besser zu Gesicht stünde als Olympe), versicherten uns, daß sie eine bösartige Frau war. [...] Sie schrieb zuerst einen Roman, der trotz fremden Beistandes durchfiel, dann ein Drama, das man im Théâtre Français zur Aufführung brachte und das durchfiel, ein Stück im Théâtre des Italiens, das durchfiel, ein weiteres im vormaligen Théâtre des Variétés, das durchfiel. Man sperrte sie in der Abbaye ein, da sie wie eine Verrückte gekeift und geschrien hatte. Dort verfaßte sie eine Affiche, welche sie dem Bürger Darnaud zeigte, der sich damals auch dort befand und ihr sagte, daß diese Affiche, sollte sie sie an den Mauern von Paris anschlagen lassen, sie auf die Guillotine bringen werde. Sie ließ diese drucken, anschlagen. Es ist das einzige ihrer Werke, welches nicht durchfiel, seine Verfasserin jedoch zu Fall gebracht und sie den Kopf gekostet hat.«[3]

Unter den exponierten Frauen der Französischen Revolution war Olympe de Gouges zweifellos eine der bizarrsten und widersprüchlichsten Gestalten. Eine Aura des Geheimnisses umgab ihr Leben von Anfang an. War sie, wie sie selbst vorgab, die uneheliche Tochter eines hochwohlgeborenen Schloßherrn und berühmten Literaten? Olympe liebte es, Legenden über ihre Person zu verbreiten und ihre Herkunft durch mysteriöse Anspielungen zu verschleiern, während sie andererseits gewisse Phasen ihrer Vergangenheit zeitlebens verschwieg. Erst etliche Jahrzehnte nach ihrem Tod entdeckte man ihre Geburtsakte – und damit ihren ursprünglichen Namen, ihr Elternhaus und das wahre Datum ihrer Geburt.

Die Frau mit dem aristokratisch klingenden Namen hieß eigentlich Marie Gouze und stammte aus einer Metzgerfamilie. Sie wurde in Montauban geboren, einer kleinen Stadt im okzitanischen Südfrankreich nahe Toulouse. In den Geburtsregistern von Montauban findet sich folgende Eintragung: »Marie Gouze, legitime Tochter des Ehepaares dieses Sprengels: Pierre Gouze, Metzger, und Anne-Olympe Mouisset, wurde am 7. Mai 1748 geboren und am nächsten Tag getauft.«[4]

Maries Mutter Anne-Olympe galt als eine der schönsten Frauen von Montauban. In ihrer Jugend verband sie offenbar eine leidenschaftliche Liebe mit dem jungen Adligen Jean-Jacques Le Franc de Pompignan, der später ein gefeierter Dramatiker und Dichter werden sollte. Er war der älteste Sohn der alteingesessenen und mächtigen Aristokratenfamilie Le Franc de Pompignan, deren Erstgeborene seit Generationen das einflußreiche Präsidentenamt des Obersteuergerichtes von Montauban erhielten. Anne-Olympes Eltern Mouisset waren den Pompignans in treuen Diensten ergeben; ihr Vater hatte den kleinen Jean-Jacques als Hauslehrer unterrichtet, ihre Mutter war die Amme des jüngsten Sohnes der Pompignans gewesen, so daß zwischen den ungleichen Familien eine fast freundschaftliche Beziehung bestand. Diese war auch darin zum Ausdruck gekommen, daß der fünfjährige Knabe Jean-Jacques im Jahre 1714 zum Taufpaten des neugeborenen Mädchens Anne-Olympe bestimmt wurde.
Viele Jahrzehnte später veröffentlichte Anne-Olympes Tochter Marie Gouze, die sich inzwischen Olympe de Gouges nannte, einen autobiographischen Familienroman. Erst nach dem Tod des Marquis Jean-Jacques Le Franc de Pompignan im Jahre 1784 wagte es die damals Sechsunddreißigjährige, in ihrem Erstlingswerk die verbotene Liebesgeschichte zwischen ihrer Mutter und dem Marquis, vor allem aber das Geheimnis ihrer Geburt zu enthüllen. Das Werk trug den Titel *Denkschrift von Madame de Valmont über die Undankbarkeit und Grausamkeit der Familie de Flaucourt der ihrigen Familie gegenüber, die den Herren de Flaucourt so viele Dienste erwiesen hat.*[5]
Dieser Briefroman im Stil von Choderlos de Laclos' »Gefährlichen Liebschaften« war – trotz des gewählten Pseudonyms – eine unverhohlene Abrechnung mit der Familie Le Franc de Pompignan und erregte entsprechendes Aufsehen. *Obwohl alles beweist, daß ich seine Tochter bin*, heißt es bereits im Vorwort, *zog ich immer vor, es im Zweifel zu lassen, um ihn nicht auch nur einen Augenblick lang zu bekümmern. Nun aber, da ihn mir der Tod geraubt hat, halte ich mich gegenüber*

denen, die ihn überlebt haben, nicht mehr zurück. Sie haben zeitlebens nur seine Untat unterstützt, und mein Unglück vergrößert.[6]

Mehr als ihr eigenes Schicksal, so fährt sie fort, betrübe sie aber die grausame Situation ihrer armen Mutter, die im Alter in schrecklichstem Elend lebe, *unter den Augen dieser undankbaren Familie*. Als *Madame de Valmont* berichtet Olympe de Gouges alias Marie Gouze, daß der *Marquis de Flaucourt* alias Jean-Jacques Le Franc de Pompignan einst in so heftiger Liebe zu ihrer Mutter entbrannt war, daß er geplant habe, sie zu entführen und sich mit ihr an einem fernen Ort zu verbinden. Doch deren Eltern hätten ein Mittel ersonnen, die Liebenden voneinander zu entfernen.

Entschlüsselt man die Namen der Romanfiguren, dann entsprechen die geschilderten Geschehnisse weitgehend den Tatsachen, wie der französische Biograph Olivier Blanc in einer akribischen Recherche nachweisen konnte. So mußte Jean-Jacques Le Franc de Pompignan als junger Mann für mehrere Jahre die sittenstrenge Hugenottenstadt Montauban verlassen. In Paris übernahm er 1734, mit fünfundzwanzig Jahren, das Amt eines Generaladvokaten. Doch scheint er sich eher für die schönen Künste interessiert zu haben. Noch im selben Jahr reüssierte er nämlich als Dramatiker mit der Tragödie »Didon«, die am Théâtre Français aufgeführt wurde und die – so schreibt Olympe im Briefroman über den Marquis – *seinen Namen unsterblich machte*.

Währenddessen, berichtet sie weiter, sei ihre Mutter verheiratet worden. So war es auch in der Realität: An Silvester 1737 wurde die schöne, inzwischen fast vierundzwanzigjährige Anne-Olympe in Montauban mit dem jungen Händler Pierre Gouze getraut, der gerade die väterliche Metzgerei geerbt hatte. Sie gebar einen Sohn und eine Tochter, die beziehungsreich die Namen Jean und Jeanne erhielten. Jean-Jacques Le Franc de Pompignan jedoch beklagte in Briefen an einen Freund seinen Herzenskummer und verehelichte sich nicht. Schließlich ließ sich der unglückliche Marquis 1747, im Jahr vor Maries Geburt, »auf dem Familienbesitz von Montauban nieder, wo er, wie vorher schon sein Vater und sein Großvater, zum Präsidenten des Steuergerichtshofes ernannt« wurde.[7] Was nun geschah, schildert Olympe im fünften Brief ihres Romans folgendermaßen: *Er kehrte in seine Provinz zurück, wo er die wiederfand, die er geliebt hatte und die er noch immer liebte, eine verheiratete Frau und Mutter mehrerer Kinder, deren Vater abwesend war.* [...] *Ich kam am selben Tag seiner Rückkehr zur Welt, und die ganze Stadt dachte, daß meine Geburt eine Folge der Liebe des Marquis sei.*

So begann die literarische Karriere des illegitimen Adelskindes mit einem Enthüllungsskandal – typisch für das Wirken von Olympe de Gouges. Und obwohl der Marquis seine Vaterschaft niemals offiziell anerkannte, nicht einmal in Olympes Briefroman, bestand für viele Zeitgenossen kein Zweifel daran. Später, während der Revolutionsjahre in Paris, wurde Olympe de Gouges auch wiederholt für ein uneheliches Kind des 1774 verstorbenen französischen Königs Ludwig XV. gehalten. Ein zu jener Zeit nicht ganz ungefährliches Gerücht. Als sie im November 1792 von dem Jakobiner Léonard Bourdon heftig angegriffen wurde, erklärte sie in einer Rechtfertigungsschrift, sie sei keineswegs die Tochter eines Königs, wohl aber eines *lorbeergekrönten Hauptes*. Stolz fuhr sie fort: *Ich bin die Tochter eines berühmten Mannes, seiner Tugenden wie seiner literarischen Talente wegen. Er beging in seinem Leben nur einen Fehler, und den beging er gegen mich ...*[8] Den Namen he Franc de Pompignan erwähnte sie allerdings nicht.

Mitte des 18. Jahrhunderts, als Marie Gouze geboren wurde, spielte die Frage der Herkunft noch eine lebensbestimmende Rolle. Es war das Frankreich der absoluten Monarchie, geprägt von ständischen Ungleichheiten, feudalen Eigentumsrechten und der Vorherrschaft der Aristokratie. Obwohl der Adel nur etwa ein Prozent der Franzosen umfaßte, besaß er den Löwenanteil des nationalen Reichtums. Zusammen mit dem Klerus verfügte er über fast drei Viertel allen Akkerlandes, aus dessen Erträgen die Privilegierten einen Großteil ihres höchst aufwendigen Lebensstils finanzierten. Damals lebten in Frankreich etwa 25 Millionen Menschen,

davon 85 Prozent auf dem Lande – eine agrarische Gesellschaft also.
Wir wissen nicht viel über Marie Olympes Kindheit und Jugend in Montauban, außer den Aufzeichnungen der »Madame de Valmont« und einigen Daten in städtischen, kirchlichen und notariellen Registern. Wenn man Olympe de Gouges' Enthüllungen in der *Denkschrift* Glauben schenkt, dann war auch nach ihrer Geburt die romantische Liebesgeschichte zwischen dem Aristokraten Le Franc de Pompignan und der schönen bürgerlichen Montalbanerin noch nicht zu Ende.
Als Marie zwei Jahre alt war, starb der Metzger Pierre Gouze. Le Franc de Pompignan, immer noch unverheiratet, frohlockte. Kaum war der Nebenbuhler beerdigt, da erschien Jean-Jacques auch schon bei seiner Geliebten und soll – nach dem Zeugnis Olympes im Briefroman – zärtlich an der kleinen Marie gehangen haben: *Der Marquis trieb seine Zärtlichkeit für mich bis an die Grenze des Anstands, indem er mich öffentlich seine Tochter nannte. Tatsächlich wäre es schwierig gewesen, die Wahrheit zu verbergen: eine frappierende Ähnlichkeit war ein allzu offensichtlicher Beweis.* [...] *Er gebrauchte alle Mittel, um bei meiner Mutter zu erreichen, daß sie mich seiner väterlichen Fürsorge überantwortete; meine Erziehung wäre zweifellos kultivierter gewesen; aber sie wies diesen Vorschlag jedesmal zurück; dies verursachte zwischen den beiden einen Zank, dessen Opfer ich wurde.*
Es scheint, als wäre in dieser Zeit die Liebe der Anne-Olympe Gouze zu dem adligen Präsidenten des Steuergerichtshofes erloschen. Aber vielleicht dachte der gefeierte »homme de lettres« auch nicht daran, seine Liebe zu einer Bürgerlichen zu legalisieren. Le Franc, bekannt für seine Frömmigkeit und seine geistlichen Dichtungen, war ein hartnäckiger Verteidiger der Adelsprivilegien und bekämpfte erbittert Voltaire und die neue Philosophie der Aufklärung. Jedenfalls entschloß sich Anne-Olympe mit fast vierzig Jahren, wieder zu heiraten. Statt weiterhin die Geliebte eines Hochwohlgeborenen zu sein, bevorzugte sie es, sich mit einem Mann ihres Standes zu verehelichen, und im Februar 1753 trat sie mit einem Polizei-

Montauban, zeitgenössische Ansicht.

beamten namens Dominique-Raymond Cassaigneau vor den Traualtar.

Jean-Jacques Le Franc zog sich daraufhin in das Schloß von Pompignan zurück und vermählte sich schließlich vier Jahre später, im Alter von achtundvierzig Jahren, mit einer ebenso reichen wie frommen Witwe.

Marie war, als ihre Mutter zum zweiten Mal heiratete und der Marquis seine große Liebe für immer verließ, noch keine fünf Jahre alt gewesen. Für ein Mädchen ihres Standes war die Chance, eine Ausbildung zu erhalten, zu jener Zeit äußerst gering. Einen verbindlichen Schulunterricht – und sei es nur, um Lesen, Schreiben und Rechnen zu lernen – gab es damals nicht. Im 18. Jahrhundert war der Analphabetismus in Frankreich noch weit verbreitet, besonders auf dem Lande. Man schätzt, daß etwa 85 Prozent der Frauen und 65 Prozent der Männer nicht einmal in der Lage waren, ein Dokument eigenhändig zu unterzeichnen. Da Marie Gouze später ihren Namen unter die Heiratsurkunde setzen konnte, müssen ihr also zumindest minimale Grundkenntnisse vermittelt worden sein – im Gegensatz zu den meisten Mädchen von Montauban.

Zeitlebens wird Olympe de Gouges ihre mangelnde Ausbildung beklagen und den größten Teil ihrer Schriften Sekretären diktieren. Eine weitere Hürde für ihre spätere Karriere als Literatin war ihr Heimatdialekt, das Okzitanische – Regionalsprache einer oralen Kultur. Zu jener Zeit hatte sich das Französische, eine Schriftsprache, noch nicht im Süden des Landes als Umgangssprache durchgesetzt, so daß sich Marie erst nach ihrer Heirat, im fernen Paris, die Sprache der Literatur aneignen wird. *Nichts hat man mir beigebracht*, erklärt sie 1787 in einem Brief an die Comédie Française, auch Théâtre Français genannt. *Da ich in einem Land aufwuchs, wo schlechtes Französisch gesprochen wird, kenne ich nicht einmal die Grundregeln der Grammatik.*[9]

Obwohl die Natur Marie mit Schönheit und Talenten reich gesegnet hatte, war ihr durch Herkunft und Geschlecht ein Leben im festgefügten Rahmen der Tradition vorherbestimmt. Ein Mädchen wurde früh verheiratet, ohne gefragt zu werden. Erst hatte der Vater das Sagen, dann der Ehemann. Der Mann bestimmte über Frau und Kinder, über das Vermögen, den Wohnort. Nach seinem Stand und seiner gesellschaftlichen Stellung richtete sich auch der Status der Frau. Im vorrevolutionären Frankreich besaßen Frauen kaum eigene Rechte und schon gar nicht eigenständige Entwicklungsmöglichkeiten. Die allermeisten Frauen lebten in der Abhängigkeit von Männern, die wiederum von Feudalherren abhängig waren. Allenfalls in der winzigen Schicht des Hochadels und des Großbürgertums galten für Frauen ein paar Sonderrechte.

Auch Marie, die zu einem ungewöhnlich schönen Mädchen herangewachsen war, sollte das Schicksal nicht erspart bleiben, allzu jung verheiratet zu werden. In ihrer *Denkschrift von Madame de Valmont* berichtet Olympe de Gouges: *Ich war kaum vierzehn Jahre alt, als man mich mit einem Mann verheiratete, den ich überhaupt nicht liebte und der weder reich noch von guter Herkunft war. Ich wurde ohne irgendeinen Grund geopfert, der den Widerwillen, den ich für diesen Mann empfand, hätte ausgleichen können. Man lehnte es sogar ab, ich weiß nicht warum, mich einem Mann von Qualität zu geben, der mich heiraten wollte; ich fühlte mich von da an oberhalb meines Standes, und wenn ich meiner Neigung hätte folgen können, wäre mein Leben weniger abwechslungsreich gewesen, und nichts Romanhaftes hätte es gegeben außer meiner Geburt.*

In Wirklichkeit war Marie nicht vierzehn, sondern sechzehn, als man sie verlobte. An einem bitterkalten Winterabend soll sie mit ihrer Mutter ins Theater von Montauban gegangen sein, wo man gerade die »Didon« von Le Franc de Pompignan spielte. Und dort geschah es, daß Marie ihrem zukünftigen Gatten begegnete – so erzählt es jedenfalls der phantasiebegabte Montalbaner Mary-Lafon: »Alles, was in Montauban Perücke, Schwert oder Feder trug, war gekommen, um dem Werk des Mitbürgers [Le Franc de Pompignan] Beifall zu zollen. Es war ein sehr schönes Publikum, das mit Samt, Gold, Stickereien und Diamanten glänzte und mit Anmut und Würde diesen überschäumenden Luxus der Privilegierten trug, den die schreckliche Hand der Revolution bald für immer zerstören sollte. Die hübsch gepuderten jungen Köpfe des Parterres wandten sich oft zu den Logen, um die atemberaubende Toilette der Frau des Intendanten, die Geschmeide der Damen des Steuergerichtshofes oder der Advokatur, die rote Schminke und die Reifröcke der Markgräfinnen und die gewaltigen Perücken des Bürgermeisters und der Konsuln zu betrachten. Doch verweilten ihre Augen dort nicht, und bald konzentrierten sich alle Augen auf einen einzigen Punkt, das Ziel aller Lorgnetten.

Zwei Frauen in der zweiten Reihe zogen alle Aufmerksamkeit auf sich. Die eine war groß, wohlgestaltet und noch bezaubernd, obwohl sie die Dreißig bereits überschritten haben mußte, aber die andere war noch kaum fünfzehn und entsprach perfekt dem Ideal der südländischen Schönheit: Augen, aus denen Funken sprühten, das Feuer des Geistes und der Leidenschaft, wunderbares schwarzes Haar, dessen üppige Lockenpracht unter einem kleinen Spitzenhäubchen hervorquoll. Ein griechisches Profil und eine wunderbar gezeichnete

Taille, die von einer Schärpe aus rosa Seide betont wurde [...] Obwohl alle dieses schöne Mädchen betrachteten, so niemand mit größerer Begeisterung als ein sorgfältig gepuderter Greis, der mit einem taubenhalsgrauen Seidenanzug und einer weißen Weste mit Goldblumen bekleidet war. Da er direkt hinter ihnen saß, konnte er alle ihre Bewegungen belauern, und als ein Veilchenstrauß von den höchsten Plätzen aus wahrscheinlich zu dem jungen Mädchen geworfen werden sollte, fing er ihn im Vorübergehen ab und erbat von der Mutter respektvoll die Erlaubnis, ihn ihr bringen zu dürfen. Was ihm genehmigt wurde...«[10]

Auch wenn Mary-Lafons Geschichte noch so schön und vielleicht sogar wahr ist: Tatsächlich sollte Maries zukünftiger Gatte aber kein romantischer Greis, sondern ein junger Gastwirt namens Louis-Yves Aubry sein. Er war 1761 in die Provinzstadt gekommen, im Dienst eines Adligen, den König Ludwig XV. zum neuen Verwalter von Montauban ernannt hatte. Wegen seiner Stellung als Koch in dem herrschaftlichen Hause galt Aubry wohl als »gute Partie«. Jedenfalls war er ein gerngesehener Kunde in der Metzgerei der Familie Gouze, die inzwischen von Maries älterem Bruder Jean betrieben wurde. Und dort in der Fleischerei – und nicht im Glanz der Kronleuchter in einem prächtigen Theatersaal – wird der Koch sein Auge auf das schöne Mädchen Marie geworfen haben.

Olympe de Gouges' Klagen in der *Denkschrift von Madame de Valmont* sprechen dafür, daß sich Marie der geschäftsmäßigen Verehelichung mit dem Koch Aubry aufs heftigste widersetzte. Es nützte ihr nichts. Ihre ältere Schwester Jeanne war schon mit fünfzehn verheiratet worden; diese lebte übrigens mit ihrem Mann seit Jahren in Paris. Und so fand denn am 24. Oktober 1765, als Marie siebzehn Jahre alt war, in der Kirche Saint-Jean de Villenouvelle von Montauban die kirchliche Trauung statt.

Gleich nach der Hochzeit soll Louis-Yves Aubry völlig unerwartet seinen Dienst beim Verwalter gekündigt und sich als Wirt eines »Geschäftslokals« in der Rue Fourchue niedergelassen haben. Der Biograph Blanc fand heraus, daß die Ehe-

leute eine Jahresmiete von 200 Livres zahlten und »somit in die soziale Kategorie wohlhabender Kleinbürger einzureihen« waren.[11]
Als fast ein Jahr vergangen war, brachte die junge Frau am 29. August 1766 einen Sohn zur Welt. Er wurde auf den Namen Pierre getauft, nach seinem Großvater, dem Metzger Gouze. Kurz darauf, im November 1766, brach über Montauban eine verheerende Überschwemmungskatastrophe herein. Hunderte von Häusern wurden verwüstet, und Seuchen brachen aus. Um diese Zeit muß Louis-Yves Aubry plötzlich gestorben sein. Nähere Einzelheiten sind nicht bekannt. Sicher ist nur, daß Marie Aubry mit achtzehn Jahren Witwe wurde. Um den ungeliebten Mann, den sie gegen ihren Willen heiraten mußte, wird sie kaum getrauert haben. Im Gegenteil: Sie lehnte es ab, weiterhin seinen Namen zu tragen, und behielt zeitlebens eine solche Abneigung gegen die Ehe, die sie als *Grab der Liebe und des Vertrauens* bezeichnete, daß sie sich nie wieder verheiratete.
Von nun an nannte sich Marie Gouze, verwitwete Aubry, »Olympe de Gouges«. Sie wählte den Vornamen ihrer geliebten Mutter, der für sie etwas *Himmlisches* hatte, und benutzte den Namen Marie nur noch in Notariatsakten. Ihren Familiennamen Gouze änderte sie in das wohlklingendere »Gouges«. Die vorangestellte Partikel sollte den Standesunterschied verwischen, eine Schreibweise, wie sie damals bei ehrgeizigen Kleinbürgern durchaus üblich war – darunter die zukünftigen Revolutionäre Maximilien de Robespierre, Fouquier de Tinville und Georges-Jacques d'Anton...
Was konnte sie nun tun, die junge Witwe mit einem Baby, ohne Ausbildung, Güter, Vermögen – in der tiefsten Provinz? Allenfalls ausgestattet mit einer Erbschaft aus den Ersparnissen ihres dahingeschiedenen Ehemannes Aubry? In der *Denkschrift* gesteht Madame de Valmont alias Olympe dem Marquis, *ihrem Vater*, sie sei *gezwungen gewesen, vor einem verhaßten Gatten zu fliehen*; außerdem sei sie *durch die Ratschläge einer Schwester und eines Schwagers gedrängt worden, in die Hauptstadt zu ziehen, in diesen Moloch des Guten und*

Bösen, wo ich dennoch einen ordentlichen Lebenswandel bewahrt habe.

Olympe de Gouges liebte es, in ihren Texten Dichtung und Wahrheit zu vermischen, um den Ereignissen ihres Lebens durch übertriebene oder erfundene Details noch mehr Dramatik zu verleihen. Tatsächlich sollte sie bald nach Aubrys Tod ihre Heimatstadt im Süden verlassen, allerdings freiwillig und mit einem Liebhaber. Der Mann, der Olympe de Gouges die Chance bot, den beengenden Verhältnissen zu entkommen, hieß Jacques Biétrix de Rozières und war der Sohn eines reichen Transportunternehmers beim Königlichen Militär. Seit 1767 zogen wiederholt Truppen durch das Département Tarn et Garonne, und Jacques Biétrix, von seinem Vater mit der Verwaltung der Transporte beauftragt, muß der schönen Olympe eines Tages in Montauban begegnet sein. Sie entflammten in großer Leidenschaft füreinander. Er wollte sie heiraten, doch sie zog es vor, Jacques Biétrix als Mätresse nach Paris zu folgen.

Ob sie ihren Sohn Pierre mit auf die weite Reise nahm, ist ungeklärt. Wahrscheinlicher ist, daß sie ihn der Obhut einer Amme überließ – eine Mitte des 18. Jahrhunderts in Frankreich weitverbreitete Praxis nicht nur bei den Damen des Adels, sondern auch bei Kleinbürgerinnen, den Frauen von Geschäftsleuten und Handwerkern, die die Lebensart der privilegierten Frauen nachahmten. Es war eine Reise ins Ungewisse. Und vielleicht ahnte Olympe de Gouges damals nicht, daß es ein Abschied von der Heimat für immer war.

3

»Schwarze Augen, rosaroter Lilienteint«

Als »femme galante« in Paris

Voilà, Paris! La ville lumière – die Lichtstadt! Nach ihrer Ankunft in der Metropole des Königreiches wird die schöne junge Witwe aus dem Süden sofort sehr umschwärmt. Olympe achtet nicht auf die Armut und den Schmutz in den Straßen, sondern läßt sich von den Vergnügungen und der luxuriösen Eleganz dieser neuen Welt faszinieren. Es ist die Halbwelt des Colisée, der Tuilerien und der rauschenden Feste im Palais Royal, die bis zum Morgengrauen dauern. Was kümmert sie die Sicherheit einer Ehe? Sie will auf großem Fuß leben, die Liebe genießen, Karriere machen. Gewagte Träume für eine Frau ihres bescheidenen Standes! Bei solchen Ambitionen bleibt ihr, im vorrevolutionären Paris, kaum eine andere Wahl als die Galanterie.

Es genügte Olympe de Gouges keineswegs, Jacques Biétrix' Mätresse zu sein und sich von ihm großzügig aushalten zu lassen. Sie hatte ehrgeizigere Pläne, erschien ein paarmal bei der Familie Le Franc de Pompignan, sann auf einen Aufstieg in aristokratische Kreise. Aber die Verbindung mit Biétrix, die zwanzig Jahre halten sollte, ermöglichte ihr finanziell ein weitgehend sorgenfreies Leben. Nachdem sie eine Ehe kategorisch abgelehnt hatte, überschrieb ihr der Geliebte, »um die Liaison zu kräftigen«, beachtliche Summen als Schenkungen. Olivier Blanc hat nachgewiesen, daß Biétrix im Zeitraum von zehn Jahren annähernd 70.000 Livres an Leibrenten für Olympe ausgab – ein Kapital, das sie auf eine Stufe mit dem Besitzbürgertum stellte.[1] Wenn sie später in ihrem *Politischen Testament* angeben wird, im Jahre 1788 ein Vermögen von 80.000 Livres, bewegliche Güter inbegriffen, besessen zu haben, entspricht das also offensichtlich den Tatsachen.

Doch die Herkunft ihres Vermögens, über die schon ihre Zeitgenossen wenig schmeichelhaft spekulierten, sollte sie in ihren Schriften niemals preisgeben. Ihren *Verleumdern* hielt sie ärgerlich entgegen: *Unüberlegte Männer* [...] *verbreiten überall, daß ich Liebhaber gehabt hätte; sicher, die Bemerkung ist neu und vor allem sehr tiefsinnig. Muß ich nochmals hinzufügen, daß ich, mit sechzehn Jahren Witwe geworden und meine eigene Herrin, exponierter war als andere.*[2]
Einig sind sich die Augenzeugen darin, daß Olympe de Gouges von »strahlender Schönheit« war; sie wird sogar in einem Zeitdokument zu den »schönsten Frauen von Paris« gezählt. Ein Verehrer, der Advokat Duveyrier, dem ihre intellektuellen Neigungen mißfielen, schrieb ein Gedicht für sie, in welchem er ihr vorhielt: »Le ciel vous fit pour n'être que jolie« (Der Himmel schuf Sie, nur um schön zu sein).[3] Am bildhaftesten hat Olympe selbst ihrer Schönheit ein Denkmal gesetzt – in Gestalt einer ihrer späteren Theaterheldinnen, denen sie gern autobiographische Züge verlieh: *Eine Taille wie eine Nymphe, ein vornehmes Auftreten, eine wohlklingende Stimme, die den Sinnen schmeichelt und das Herz entzückt, große schwarze Augen, ein rosaroter Lilienteint, ein leuchtend roter Mund, ein entzückendes Lächeln von natürlicher Anmut...*[4]
Zweifellos war die junge Südländerin bald als »femme galante« stadtbekannt. Sie liebte es, in eleganten Seidenkleidern à la reine, auf den dunklen Locken ein riesiger Hut mit Federbusch, in den Gärten des Arsenals, der Tuilerien oder Luxembourgs spazierenzugehen. Manchmal sah man die für ihre Zeit ungewöhnlich große und sehr schlanke Frau mit ihrem Liebhaber Jacques Biétrix in der Oper, die damals an den Palais Royal grenzte. Dort fanden gelegentlich auch Bälle statt. Gewöhnlich begannen sie spätabends mit einem Konzert, und dann tanzte man von Mitternacht bis zum frühen Morgen ...
Einer der bissigsten Feinde Olympe de Gouges', der Dichter Rétif de la Bretonne, scheute sich nicht, die schöne Montalbanerin eine »Dirne« zu nennen. Andere Chronisten jener Zeit, wie zum Beispiel die Verfasser des »Kleinen Lexikons

Miniaturportrait von Olympe de Gouges, 1785.

bedeutender Menschen« oder der Schauspieler Nicolas Desessarts, erwähnen ihren Ruf als »Kurtisane«.
Ob Dirne oder Kurtisane – das machte einen wesentlichen Unterschied. Und niemand beschrieb diesen Unterschied präziser als der berühmte Autor des »Tableau de Paris«, Louis Sébastien Mercier. Er sollte übrigens schon bald ein enger Freund von Olympe de Gouges werden. In seinen sozialkritisch-literarischen Reportagen über die Metropole behandelte er auch das Thema »Kurtisanen«: »So werden jene mit Diamanten behängten Wesen genannt«, erläuterte er einem unkundigen Publikum, »die ihre Gunst zu Höchstpreisen versteigern, obschon so manche von ihnen in keiner Weise anziehender ist als das Mädchen, das sich, von der Not getrie-

ben, für ein paar Francs anbietet. Beide obliegen sie demselben Gewerbe, und doch klaffen Abgründe zwischen ihnen, aufgerissen durch die Launen des Schicksals, durch ein bißchen angelernte Lebensart und etwas Geist. [...] Laster und Bedürftigkeit haben viele Gesichter, mal nennt man sie so, mal anders, je nachdem, ob sie 100.000 Livres im Jahr einbringen oder ein paar Münzen für die Viertelstunde.« Und er fügt noch hinzu: »Ihrem Range nach stehen die Kurtisanen zwischen den Frauen, die sich in Ehren aushalten lassen, und den öffentlichen Dirnen.«[5]
Darüber hinaus gab es in Paris noch jene Frauen, die Mercier »Nennt sie, wie ihr wollt« nennt – und zu denen wohl auch Olympe de Gouges gehörte: »Die große Zahl der Kurtisanen [...] hat in Paris eine gewisse Sorte von Weibern hervorgebracht, die sich dem Laster zwar nicht schamlos offen hingeben, aber gewiß auch nicht auf dem strengen Pfad der Tugend wandeln«, charakterisiert er sie. »Mit Geld erreicht man nichts bei ihnen, wohl aber mit geschmackvollem Schmuck. Gegen die käuflichen Mädchen, ihre Rivalinnen und Feindinnen, ziehen sie ganz fürchterlich vom Leder. [...] Der Mann, der eine von ihnen haben will, braucht mit ihr lediglich zum Juwelier zu gehen und für das eine oder andere modische Stück aufzukommen. [...] Die Sitten erlauben es diesen Frauen, sich auf Bällen, im Kolosseum und im Theater zu zeigen, und niemandem fiele es ein, bei ihrem Anblick zu sagen: ›Das ist eine von denen ...!‹ Vielmehr sagt man: ›Das ist Madame Soundso, der Monsieur ... seinen Arm geliehen hat ...‹, und wehe dem, der dennoch über sie zu lästern wagte!«[6]
Nachmittags um kurz nach fünf verstopften gewöhnlich sämtliche Droschken der Stadt die Straßen, unterwegs zu den verschiedenen Theatern, Kaffeehäusern und Promenaden. Etwas später, wenn die Dunkelheit hereinbrach und sich »in der Oper die Kulissenschieber ans Werk« machten, sah Louis Sébastien Mercier »das Heer der Arbeiter, Zimmerleute und Steinmetze in dichten Haufen nach den Außenquartieren, wo es heimisch ist«, zurückkehren. Sie legten sich zu jener Stunde schlafen, bemerkte er, »da sich die Baronessen und die Grä-

finnen an ihre Toilette machen«[7]. Und natürlich auch die Kurtisanen und »femmes galantes«! Natürlich auch sie, Olympe de Gouges, inzwischen eine Privilegierte, der Monsieur Jacques Biétrix »seinen Arm geliehen hat«! Abend für Abend ging es, in diesen letzten Regierungsjahren Ludwigs XV., neuen Festen und prunkvollen Bällen entgegen, und immer wurde Olympe gesehen, bei allen war sie dabei.

Die turbulente Zeit ihrer galanten Abenteuer in Paris verklärte die Literatin später gern zu einer überaus züchtigen Erinnerung, zum Beispiel im fünfundzwanzigsten Brief der Madame de Valmont an den Marquis: *Umgeben von einem kleinen Freundeskreis, mit allem Anstand, den man einer Frau schuldet, die auf sich hält, wäre es unnütz, Ihnen zu sagen, daß ich für sinnliche Reize überhaupt nicht empfänglich war;* [...] *Ich habe mir immer auf mein Zartgefühl etwas eingebildet, was meinen Interessen sogar häufig schadete. Diese Empfindung ist achtbar, aber in Paris, Sie wissen es, Monsieur, gelangt man dadurch keineswegs zu Vermögen.*[8]

Wie dem auch sei – die Mittel aus ihrer langjährigen Liaison mit Jacques Biétrix reichten jedenfalls, um ihre Mutter in Montauban, zweifach verwitwet und verarmt, mit einer Rente zu unterstützen und ihrem Sohn Pierre eine »sorgfältige und umfassende« Erziehung[9] zu finanzieren. Über Pierres Kindheit ist darüber hinaus nichts bekannt. Vermutlich verbrachte er seine ersten Lebensjahre bei einer Amme, und anschließend schickte ihn seine Mutter wahrscheinlich auf kostspielige Internate, bis er erwachsen war. So war es in den Kreisen, die es sich leisten konnten, damals üblich – erst recht bei den schönen Damen, die sich dem gesellschaftlichen Leben widmeten. Kinder störten nur, und sie selbst aufzuziehen galt als niedrige Beschäftigung. Eine Mutter-Kind-Beziehung, »Mutterliebe« und »Kindheit« existierten im 18. Jahrhundert nicht in unserem heutigen Sinne.

Es scheint, als wäre es Olympe de Gouges recht bald gelungen, die Halbwelt hinter sich zu lassen und mit allerhöchsten Gesellschaftskreisen in Kontakt zu kommen. Trotz ihres ungestümen und leidenschaftlichen Temperaments zeigte sie sich in der Wahl ihrer Liebhaber, die ihren Luxus finanzieren sollten, außerordentlich anspruchsvoll. Sogar der Abbé de Bouyon, ein ihr keineswegs gewogener Zeitgenosse, bezeugte, daß sie sich mit reichen und ehrenwerten Leuten bester Herkunft umgeben habe. Sie selbst sagte später, Vermögen und Würden hätten ihr zu Füßen gelegen.

Zu ihren Verehrern zählte, zumindest zeitweilig, auch ein Prinz von königlichem Geblüt: Louis Philippe, ein Cousin Louis' XVI., Herzog von Chartres und später von Orléans – während der Revolution bekannt als Philippe Egalité. Anfang der siebziger Jahre soll Olympe de Gouges, so vermuten ihre Biographen, eine der ebenso zahlreichen wie vergänglichen Mätressen des Prinzen gewesen sein. Der Schauspieler Fleury vom Théâtre Français berichtete in seinen Memoiren, daß Olympe im Hause der Prinzenfamilie von Orléans sehr positiv aufgenommen worden sei. Jedenfalls rühmte sie noch viele Jahre lang Philippes Verdienste und Tugenden. 1788, nach ihrem literarischen Debüt, widmete sie dem Herzog von Orléans die ersten beiden Bände ihrer Werke.

Hatte sie es also geschafft, die uneheliche Tochter des angesehenen Marquis Le Franc de Pompignan, nach oben zu kommen? Sogar ohne seine Hilfe, aus eigener Kraft? Äußerlich betrachtet gewiß. Doch hatten sich auch ihre Träume erfüllt? Wohl kaum. Als Gespielin und Schmuckstück eines noch so hochstehenden Adligen konnte Olympe de Gouges nicht jene gesellschaftliche Anerkennung finden, nach der sie ihr Leben lang strebte: die Anerkennung als Subjekt, als gleichbefähigtes weibliches Individuum.

Jahre später schrieb sie an den Herzog von Orléans: *Ach, Euer Gnaden, wie elend ist doch mein Geschlecht! Mit seinen Reizen und seinen Verführungskünsten erreicht es bei euch Männern alles. Nun gut, so muß ich denn der Öffentlichkeit beweisen, daß es ungleich rühmlichere Mittel gibt, um den Frauen in einer künftigen Welt die Bedeutung zu verschaffen, die ihnen gebührt.* [...] *immerhin hoffe ich, daß auch die Frauen eines Tages eine Honorierung ihrer Talente und damit eine Befreiung aus ihrer schrecklichen Notlage erfahren werden. Ich wage sogar die*

Behauptung, daß die Aufwertung des weiblichen Geschlechts sich auch auf die Sitten auswirken wird. Zweifellos wird die Revolution diesen tiefgreifenden Wandel herbeiführen.[10]
Es reichte eben nicht, »nur schön zu sein«, wie es Duveyrier ihr gepredigt hatte! Eine Frau, die als Mätresse von ihrer Schönheit lebte, wurde zwar von den Männern hofiert, aber gleichzeitig nicht ernst genommen, von manchen sogar verleumdet und verachtet, während es für die Männer geistig und moralisch keineswegs kompromittierend war, sich Kurtisanen zu kaufen. Gerade in jener Zeit, als aus der »femme galante« eine »femme de lettres« wurde, bedienten sich Olympe de Gouges' Kritiker gern dieser doppelten Moral.
Später, in ihrer berühmten Erklärung der Frauenrechte, brachte Olympe ihre zwiespältigen Erfahrungen mit der Galanterie deutlich zum Ausdruck: *Unter dem Ancien Régime beherrschten Laster und Schuld das Feld*; [...] *Eine Frau brauchte nur schön oder liebenswürdig zu sein; vereinigte sie beide Vorzüge, dann legte man ihr hundertfach Vermögen und Glück zu Füßen. Zog sie keinen Gewinn daraus, so hatte sie entweder einen wunderlichen Charakter oder eine ungewöhnliche philosophische Gesinnung* [...] *Die unanständigste Frauensperson erwarb sich gegen Gold Ehrerbietung und Ansehen. Dieser Frauenhandel schreckte auch nicht vor den höchsten Kreisen zurück, was sich künftig ändern dürfte. Andernfalls wäre die Revolution gescheitert, und unter neuen Verhältnissen wucherte die alte Verderbnis weiter.*[11]
Olympe de Gouges ist dreißig Jahre alt, als sie sich von der Galanterie verabschiedet. Jacques Biétrix allerdings wird die Geliebte noch weitere zehn Jahre finanziell unterstutzen. Erst als es mit den Transportgeschäften seiner Familie im Vorjahr der Revolution derart bergab geht, daß er nicht mehr zahlungsfähig ist, trennen sich ihre Wege im Streit. Später allerdings soll Biétrix für seine Ex-Geliebte noch Schuldscheine eingelöst haben.
In diesem Jahr 1778, als Olympe beginnt, sich gleich ihrem vorgeblichen Vater Jean-Jacques Le Franc de Pompignan einer Karriere als Literatin zuzuwenden, wechselt sie als erstes

ihr Appartement, dann den Kreis ihrer regelmäßigen Besucher. Von nun an wird sie sich bevorzugt mit Künstlern und Intellektuellen umgeben. »Nachdem sie vorübergehend einen Platz in den Annalen der Venus eingenommen hatte«, hielt der Comédie-Schauspieler Desessarts ironisch fest, bemühte sie sich nun »um einen dauerhafteren Platz in den Annalen der Dichtkunst«[12]. Mit diskreten Anspielungen auf ihren »wirklichen« Vater Le Franc de Pompignan, der 1759 in die ehrwürdige Académie Française aufgenommen worden war, suchte sie das Interesse der Schriftsteller an ihrer Person ein wenig zu befördern. Sie berief sich gern auf ihre Abstammung und ein *natürliches* literarisches Talent, das sie sozusagen von Le Franc de Pompignan geerbt habe.

Der Marquis jedoch zeigte sich ihren literarischen Ambitionen gegenüber keineswegs wohlgesonnen. In einem später von ihr veröffentlichten Brief wehrt er Olympes Bitten um Unterstützung spöttisch mit den typischen Vorurteilen seiner Zeit ab: »Erwarten Sie nicht, Madame, mich gegenüber diesem Gegenstand verständig zu finden. Wenn Vertreterinnen Ihres Geschlechts folgerichtige und gründliche Werke schaffen werden, was wird dann aus uns, den Männern, die heute so oberflächlich und leichtsinnig sind? Adieu Überlegenheit, aus der wir so viel Hochmut schöpften. [...] Also wünsche ich nicht, daß die Damen den Doktorhut tragen, sondern daß sie ihre Leichtfertigkeit bewahren, selbst beim Schreiben. Solange sie kein öffentliches Verantwortungsbewußtsein haben, werden sie anbetungswürdig sein. Unsere gelehrten Damen Molières sind Modelle der Lächerlichkeit. Diejenigen, die heute in ihre Fußstapfen treten, sind die Plagen der Gesellschaft. Die Frauen können gern schreiben, aber es ist ihnen verboten, zum Wohle der Welt, es mit irgendeinem Anspruch zu tun.«[13]

Arme Olympe! Zeitlebens kämpfte sie vergeblich um die Anerkennung ihres Vaters!

Wer ermunterte denn überhaupt die ausgestiegene Kurtisane? Wer unterstützte die »Ungebildete«, die in keiner Schule lesen und schreiben gelernt hatte? Wer lehrte sie die Grundregeln

der dramatischen Kunst und der Schriftstellerei? Vielleicht die einflußreiche Marquise de Montesson aus der Prinzenfamilie d'Orléans, die selbst Theaterstücke schrieb und die Olympe bei der Comédie Française eingeführt haben soll? Oder jene Literaten, mit denen sie nun ins Theater und in die Oper ging und emphatisch die neuen Stücke diskutierte?
»Ihr großer Ehrgeiz zu dieser Zeit war es«, behauptete zum Beispiel Desessarts, »ihrem Jahrhundert ein Modell der berühmten Ninon zu bieten«. Gemeint war Ninon de L'Enclos, jene »Muse der Freidenker« und »gebesserte Kokotte« des 17. Jahrhunderts, die Olympe de Gouges zehn Jahre später zur Heldin ihres Theaterstückes *Molière bei Ninon oder Das Jahrhundert der großen Männer* machen wird. Ein anderer Zeitgenosse, der bereits erwähnte Rétif de la Bretonne, will beobachtet haben, »wie sie wegen ihrer ersten Werke der Reihe nach die Schriftsteller Rivarol, la Harpe, Marmontel, Sautereau, Aubert und natürlich Mercier« konsultierte, die sie in den letzten Jahren kennengelernt hatte.[14]
Der Romancier und Dramatiker Louis Sébastien Mercier, ein Mann der Aufklärung, war sicherlich der wichtigste unter ihren neuen Freunden. Der gebürtige Pariser, acht Jahre älter als Olympe, liebte das Großstadtleben, die Soupers, die Gespräche beim Weintrinken oder beim Flanieren in den Gärten des Palais Royal. Die beiden ähnelten einander so auffällig, daß der Schauspieler Fleury glaubte, in ihr »den jüngeren Bruder Merciers in Spitzenhaube und Unterröcken« zu sehen; sie habe wie Mercier »Originalität« besessen und sei gleich ihm »großmütig, gutherzig, mitfühlend und menschlich« gewesen.[15]
Mercier hatte bereits mehr als ein Dutzend Schriften publiziert, als er sich 1769, knapp dreißig Jahre alt, dem Theater zuwandte. Seine Stücke, in denen fast ausnahmslos Helden bürgerlicher Herkunft auftraten, gefielen dem Publikum, ganz besonders dem in der Provinz. Provozierender wirkte sein 1773 veröffentlichtes Manifest »Le Nouvel Essay sur l'Art Dramatique« (Neuer Versuch über die Schauspielkunst). Dieses kritische Plädoyer für die Erneuerung des Theaters

Louis Sébastian Mercier, Stich von Auguste Sandoz.

erbitterte die Schauspieler der Pariser Comédie Française – Frankreichs bedeutendstem Theater – dermaßen, daß sie über den Stückeschreiber einen Boykott verhängten.
Mercier wehrte sich; es folgten jahrelange heftige Auseinandersetzungen, in denen sich der Dramatiker zu behaupten versuchte, indem er sogar ein Advokatendiplom erwarb. Doch nicht einmal das half gegen die Allmacht der Comédie – der Bann blieb bestehen bis in die achtziger Jahre. Bis Mercier berühmt wurde: durch seinen ungeheuer erfolgreichen »Tableau de Paris«. Mit ihm begründete er, aus der Not des Theaterboykotts geboren, ein neues Genre: das der authentischen literarischen Reportage. Seine Momentaufnahmen aus

dem Pariser Alltag erschienen erstmals im Juni 1781 in zweibändiger Buchausgabe, weitere sechs Bände bis 1788; sie sollten Mercier über die Grenzen seines Landes hinaus zu einem der meistgelesenen Autoren am Vorabend der Französischen Revolution machen.

Olympe de Gouges sah in dem Schriftsteller, der wegen seiner sozialkritischen Großstadtreportagen vor der Polizei des Königs in die Schweiz flüchten mußte, den *perfekt redlichen Mann*. Im Vorwort eines ihrer ersten Werke gestand sie kokett: *Ich liebe und schätze ihn aus mehr als einem Grund*, während Mercier ein wenig zurückhaltender antwortete: »Eine dreißigjährige Frau wird eine wunderbare Freundin, sie schließt sich demjenigen Mann an, den sie schätzt, erweist ihm tausend Gefälligkeiten, gibt ihm und erhält all sein Vertrauen; sie liebt den Ruhm ihres Freundes, verteidigt ihn, nimmt Rücksicht auf seine Schwächen, sie bemerkt alles und läßt ihn an allem, was sie hört, teilhaben. [...] Die Freundschaft von Frauen besitzt einen zarteren Reiz als die der Männer, sie ist aktiv, wachsam, sie ist zart, sie ist tugendsam, und vor allem, sie ist dauerhaft...«[16]

Tatsächlich war ihre Freundschaft so dauerhaft, daß sie auch in den turbulenten Revolutionsjahren hielt – bis zu Olympes schrecklichem Tod...

Sechs lange Jahre brauchte Olympe de Gouges bis zu ihrer ersten Veröffentlichung. Nach Ansicht des Mercier-Experten Jean Villain hatte sie große Probleme mit ihren Texten: einerseits, weil sie als Autodidaktin »von Grammatik und Orthographie nur eine verschwommene Ahnung« hatte, andererseits, weil »ihr das überbordende Temperament im Wege« stand. Da begegnet ihr Mercier. »Von nun an«, so kommentiert Villain, »werden ihre wildbewegten Sturm-und-Drang-Dramen wenigstens teilweise spielbar und ihre emotionsgeladenen Briefromane lesbar.«[17]

Diese Aussage, mit der die Autorenschaft Olympe de Gouges' erheblich in Frage gestellt wird, muß schon von den äußeren Geschehnissen her bezweifelt werden. Mercier lebte von 1781 bis mindestens 1785 im Schweizer Exil. Gerade in diese Zeit, nämlich in das Jahr 1784, fällt aber Olympe de Gouges' literarisches Debüt, das in Paris einiges Aufsehen erregte. Es ist unwahrscheinlich, daß sich Mercier von der Schweiz aus um die Manuskripte seiner Freundin kümmern konnte. In dieser empfindlichen Anfangsphase ihrer Karriere stand Olympe de Gouges also durchaus auf eigenen Beinen.

Andererseits scheint der berühmt gewordene Schriftsteller nach seiner Rückkehr in die französische Metropole tatsächlich als Olympes »Colorateur«, nämlich als Überarbeiter ihrer Schriften, fungiert zu haben, was immer das heißen mag. Es ist heute unmöglich, das Ausmaß seiner stilistischen und inhaltlichen Eingriffe präzise zu bestimmen.

Der Mercier-Biograph Léon Béclard vermutet im übrigen, daß der unverheiratete Louis Sébastien über die enge berufliche und freundschaftliche Beziehung zu Olympe hinaus auch ihr Liebhaber war. So soll in Olympe de Gouges' Wohnung bei ihrer Verhaftung ein ganzer Stapel mit Briefen Merciers – deren Wortlaut leider unbekannt ist – gefunden worden sein, während er, seit 1792 Konventsabgeordneter, die Briefe seiner Freundin möglicherweise aus Vorsicht vernichtete. Mercier wurde etwas später als Olympe, am 3. Oktober 1793, festgenommen. Doch im Gegensatz zu ihr sollte er die Revolution überleben...

4

Vierundzwanzig Stunden für ein Theaterstück

Das Debüt der Dramatikerin

Seit ihrem sensationellen literarischen »Outing« als illegitime Tochter eines berühmten und geehrten Adligen haftete Olympe de Gouges der Ruf an, sich ein wenig zu lautstark bekannt gemacht zu haben. Doch nicht nur ihr erster Enthüllungsroman als »Madame de Valmont« war geeignet, die Gemüter zu erregen. Olympe de Gouges träumte vor allem von einer Karriere als Dramatikerin und behauptete, bereits dreißig (!) Theaterstücke diktiert zu haben. Darunter war allerdings nur ein einziges, das sie für gelungen genug hielt, um es der Comédie Française anzubieten: ein Drama, mit dem sich die Autorin an ein heikles gesellschaftliches Tabu wagte. Es hieß *Zamore und Mirza oder Der glückliche Schiffbruch* und handelte von der Sklaverei der Schwarzen.

Was für ein erstaunlicher thematischer Einfall zu einer Zeit, in der der Menschenhandel noch gang und gäbe war! In Frankreichs karibischen Kolonien Saint-Domingue (dem heutigen Haiti) und Martinique lebten noch kurz vor der Revolution Hunderttausende schwarzer Sklaven. Es war, so der Historiker Albert Soboul, »die Ära der Negerschiffe«. Märchenhafte Profite zogen Großkaufleute, Plantagenbarone und Reeder aus dem »Dreieckshandel« über Afrika, der die Inselkolonien mit Sklaven belieferte; und reich beladen mit Kaffee, Indigo, Baumwolle und Rohrzucker kehrten die Schiffe dann in ihren Heimathafen zurück. Nantes, Bordeaux und La Rochelle hießen die Hafenstädte, die sich an diesem Handel bereicherten und es zu blühendem bürgerlichen Wohlstand brachten. Die Importe aus den Kolonien rückten Frankreich an hervorragende Stelle auf dem Weltmarkt und glätteten seine zerrüttete Zahlungsbilanz.[1]

Olympe de Gouges' Idee, das Schicksal eines Negersklaven auf die Bühne zu bringen, mußte geradezu bizarr wirken in einer Zeit, da selbst bürgerliche Helden noch ungewohnt waren und eben erst das Theater zu erobern begannen. Sie überspitzte das Thema noch, indem sie ihren schwarzen Helden mit Namen Zamore zum Mörder machte. Mit einer für sie typischen Mischung aus provozierender Naivität und humanistischem Engagement dramatisiert Olympe das Geschehen. Sie läßt ihren Sklaven Zamore, der seiner Geliebten wegen getötet hat, auf eine einsame Insel fliehen, wo er schiffbrüchige Franzosen rettet; trotz der guten Tat wird der Schwarze festgenommen und wegen Mordes zum Tode verurteilt, aber schließlich – dank mitleidiger Herzen – begnadigt.
Dieses damals höchst ungewöhnliche Plädoyer für Menschlichkeit im Umgang mit Schwarzen konnte nur als Signal zur Abschaffung der Sklaverei verstanden werden. Vorausgesetzt allerdings, es fand überhaupt ein Publikum! Denn der Weg bis zur Aufführung eines Theaterstückes im vorrevolutionären Paris war lang und voller Hürden – nämlich weitgehend abhängig von der Gunst der Comédie Française.
Dieses Theater war eine Schöpfung König Ludwigs XIV., der 1680 verschiedene Schauspieltruppen zu einer gemeinsamen französischen Nationalbühne vereinigt hatte. Er gab ihr das Privileg, Tragödien und Komödien aufzuführen, und bewilligte eine jährliche Unterstützung von zwölftausend Francs. Fortan besaß Frankreichs »Théâtre de la Comédie-Française« nicht nur das Aufführungsmonopol für das klassische Repertoire, als wären die Stücke von Corneille, Racine, Molière und später Voltaire sein Eigentum; vielmehr konnte es auch – zusammen mit der Comédie Italienne, einem ehemaligen Pariser Ableger der italienischen Commedia dell'arte – exklusiv über die Zulassung neuer Stücke entscheiden. So konnte ein Autor schon froh sein, wenn sein Stück wenigstens beim Lektürekomitee des königlichen Theaters angenommen wurde!
Olympe, von ihren Freunden gewarnt, reichte *Zamore und Mirza* anonym bei der Comédie Française ein. Monatelang keine Antwort. Dann, als bereits ihr Name durchgesickert war

Aufführung der Tragödie »Irène« von Voltaire in der Comédie Française, Paris 1778, Lithographie nach einer Zeichnung von G. de Saint-Aubin.

und die Antwort immer noch ausblieb, setzte sich wahrscheinlich die hochgestellte Marquise de Montesson für die Debütantin ein. Die Marquise hatte 1784 eines ihrer eigenen Stücke, »La Comtesse de Chazelle«, in der Comédie spielen lassen, wenn auch wenig erfolgreich. Auf deren Empfehlung, so berichtet der Schauspieler Fleury in seinen Memoiren, wurde Olympe schließlich am 28. Juni 1785 ins Théâtre Français »zu einer Lektüre vor versammelter Schauspielerschaft« eingeladen.

Doch niemand im Ensemble schien die Brisanz des Themas zu begreifen. Lag es daran, daß die Fürsprache der Marquise einen so nachhaltigen Eindruck gemacht hatte? Jedenfalls passierte das Stück ohne weiteres die gefürchtete Zensur, und das Urteil des Komitees im Juni 1785 fiel überraschend günstig aus: »vier Annahmen, neun Korrekturen, keine Ablehnung« – damit war das Drama *Zamore und Mirza oder Der glückliche Schiffbruch* akzeptiert.[2]

Olympe de Gouges war außer sich vor Glück: Ihr erstes Stück im Repertoire der Comédie Française – in diesem Tempel des französischen Theaters! Gleichzeitig aber konnte sie es kaum ertragen, sich nun gedulden zu müssen, bis ihr Stück entsprechend der Warteliste angenommener Stücke irgendwann an der Reihe sein würde, inszeniert und aufgeführt zu werden. Bis dahin erlaubte die Comédie auch keine Veröffentlichung des Skripts, es sei denn nach einer Wartezeit von zwei Jahren.
Also machte sich Olympe daran, die Dinge zu beschleunigen. Mit allerlei Geschenken bestürmte sie den Schauspieler Molé, der die Lektüre abgehalten hatte, sich für ihr Werk stark zu machen. Währenddessen diktierte sie einem Sekretär bereits ein neues Stück, den Einakter *Lucinde und Cardenio oder Der Liebestolle*, und bot es pikanterweise der Comédie Italienne an.
Die italienischen Komödianten zeigten sich von Olympes *Lucinde und Cardenio* recht angetan, wollten den Stoff aber gern zu einem Dreiakter ausgebaut haben. Als Molé von dem Konkurrenzunternehmen erfuhr, überredete er Olympe, das Stück unverändert als Einakter an die Comédie Française zu geben. Geschmeichelt von so viel Interesse, stimmte sie zu. Doch bei der Lesung Molés am 28. August 1785 fiel das Stück mit Pauken und Trompeten durch. *Hohn und Spott blieben mir nicht erspart. Zurückgewiesen von den Franzosen, konnte ich mich bei den über meinen Schritt ungehaltenen Italienern nicht mehr bewerben, und man beglückwünschte sich zu dem doppelten Vergnügen, mir von zwei Seiten geschadet zu haben*, kommentierte Olympe de Gouges Jahre später diese Niederlage in einer Denkschrift mit dem Titel *Entlarvung der Schauspieler oder Wie sich Madame de Gouges von der Comédie Française zugrunde richten lassen muß, um gespielt zu werden*[3].
Von nun an nehmen die Dinge einen stürmischen Verlauf, wenn auch in einer anderen Richtung, als von Olympe beabsichtigt. Ein Schauspieler des französischen Theaters namens Florence beleidigt sie auf offener Straße. Sie beschwert sich bei der Comédie mit einem Brief, in dem es zum Schluß heißt:

Erlauben Sie mir, ein geflügeltes Wort zu zitieren: »Ein schlechtes Pferd kann stolpern, aber kein ganzer Pferdestall.«
Die Schauspieler sind entsetzt: »Die Comédie Française ein Pferdestall?«[4] Schlimmer als mit diesem unglückseligen Vergleich konnte Olympe de Gouges gar nicht ins Fettnäpfchen treten. Was für eine Blasphemie gegenüber einer Kultstätte, die sich seit den glanzvollen Tagen des »Sonnenkönigs« Ludwig XIV. im Besitz königlicher Privilegien wußte! »Komödianten des Königs« nannten sich die Schauspieler stolz, und wer sie nicht genügend hofierte, sie gar – wie Olympe – mit Witz und Widerspruchsgeist herausforderte, hatte ausgespielt. Es kam, wie es kommen mußte: Am 7. September 1785 wurde *Zamore und Mirza* aus dem Repertoire gestrichen.
War der Streit auch eine willkommene Gelegenheit für die Comédie Française, sich eines unbequemen Themas zu entledigen? Der Schauspieler Fleury behauptet in seinen Memoiren, das Stück sei »unspielbar« gewesen. Schwierigkeiten habe auch die Vorstellung bereitet, die »ganze Comédie Française« mit schwarzer Wagenschmiere einzubalsamieren. Besonders Desessarts habe sich darüber erregt, daß ehrenwerte Heldendarsteller »kleine Bürger des großen Kafferntums« spielen sollten. Madame de Gouges habe die Comédie im Namen der Philosophie, der Vernunft, der Menschlichkeit aufgefordert: »Spielen Sie mein Stück! Alle Nationen fordern mit mir von Ihnen die Aufführung!« Die Comédie Française aber, so kommentiert Fleury süffisant, »stellte sich taub gegenüber allen Nationen«.[5]
Zweifellos fühlte sich die konservative Schauspieltruppe durch das selbstbewußte Auftreten dieses weiblichen Autors extrem provoziert. Die geforderte Demut und Anpassung waren fürwahr nicht Olympes Stärken. Gerade jene Eigenschaften aber, denen sie es verdankte, einem bescheidenen Schicksal entronnen zu sein – nämlich diese hochexplosive Mischung aus brennendem Ehrgeiz, Ungeduld, Stolz und einem ungezügelten südländischen Temperament –, kehrten sich nun, im Umgang mit diesen eitlen und hochmütigen Schauspielern, gegen sie.

Trotz dieses Rückschlags hält Olympe de Gouges hartnäckig an ihrem Ziel fest, als Dramatikerin zu reüssieren, koste es, was es wolle. Einbringen tut es ihr jedenfalls vorerst nichts. Ein Autor konnte mit Theaterstücken nicht viel verdienen; bei Veröffentlichungen, die meist in kleiner Auflage von ihm selbst in Druck gegeben und bezahlt wurden, waren die Einnahmen gleich Null. Und auch der Ruhm ließ auf sich warten, solange man nicht die Comédie Française erobert hatte und dort möglichst bravourös gespielt wurde...

Dennoch – für den Ehrgeiz einer hochbegabten, ausdrucksstarken Frau mußte gerade das Theater in dieser letzten Dekade vor der Revolution eine unvergleichliche Verlockung sein. Seit den siebziger Jahren drangen verstärkt neue Inhalte und Formen auf die Bühne, allen konservativen Widerständen und der strengen Zensur zum Trotz. Nicht nur Mercier hatte gegen das elitäre und abgelebte klassische Drama gewettert und Stücke mit bürgerlichen Helden geschrieben. Am erfolgreichsten verkörperte Beaumarchais den neuen Geist der Auflehnung: Mit seiner Komödie »Der Barbier von Sevilla« (1772 am Théâtre Français angenommen, aber erst im Februar 1775 gespielt) und vor allem mit »Der tolle Tag oder Figaros Hochzeit« (nach siebenjährigem Tauziehen hinter den Kulissen endlich am 27. April 1784 aufgeführt) erreichte die Theaterbegeisterung ihren Höhepunkt. Und natürlich auch die Popularität des Uhrmachersohnes und »Abenteurers« Caron de Beaumarchais, der die Töchter Ludwigs XV. im Harfenspiel unterrichtet und sich den Adelstitel und einflußreiche Hofämter gekauft hatte. Ungeheuer war der Andrang bei der Pariser Premiere, und die Blüte des Ancien Régime beklatschte ein Stück, in dem es auf vernichtende Weise der Lächerlichkeit preisgegeben wurde. Der »Figaro«, urteilte später Napoleon, sei schon die Revolution in Aktion gewesen.

Das Theater, schreibt Jean Villain, war damals »so ziemlich der einzige Ort, wo revolutionäre Ideen – geschickt genug verschlüsselt und in Handlung übersetzt – einem Massenpublikum direkt vermittelt werden« konnten. »Resultat: Halb

Paris wird theaterverrückt, und bald sind es auch die Provinzler; der dritte Stand erobert sich das Parkett im Sturm und drängt den Adel in die Logen ab.«[6]
Auch politisch gärte es. Nachdem König Ludwig XV., dem bezeichnenderweise der Wahlspruch »Nach mir die Sintflut!« zugeschrieben wurde, 1774 gestorben war und seinem Enkel Ludwig XVI. ein zerrüttetes Staatswesen hinterlassen hatte, begann sich die Lage sehr bald zuzuspitzen. Alle Versuche, den wegen einer irrwitzigen Schuldenlast drohenden Staatsbankrott zu vermeiden, waren bisher gescheitert. 1781 hatte der König seinen Finanzminister, den Genfer Baron und Bankier Jacques Necker, entlassen, da dieser es gewagt hatte, »in sein Sanierungsprojekt eine Besteuerung der Privilegierten einzuschleusen und damit einen der Grundpfeiler anzubohren, auf denen die Adelsherrschaft ruhte«. Als der 1783 zum Generalkontrolleur der Finanzen ernannte Charles Alexandre Calonne begriff, daß das Defizit seine schlimmsten Befürchtungen übertraf, versuchte auch er dem König in der Denkschrift vom 20. August 1786 eine »Rettungsaktion« unter steuerlicher Beteiligung der Privilegierten schmackhaft zu machen. Da soll Ludwig XVI. verblüfft ausgerufen haben: »Aber das ist mir ja reinster Necker!«
Ein paar Monate später wird auch Calonne stürzen. Sein Offenbarungseid »schürzte« nach Meinung des Historikers Walter Markov »den ersten Knoten zur Revolution«.
In dieser Zeit, als sich der Adel und die Günstlinge des Königs krampfhaft an ihre Privilegien klammerten, versuchte sich Olympe de Gouges als Dramatikerin auf dem Terrain des Theaters zu behaupten. Sie griff auf ein Mittel zurück, das bereits Beaumarchais in seinem Kampf mit der Comédie Française angewandt hatte: das Mittel der Solidarität. Die Schauspieler wagten, so hatte der Dichter geschrieben, »jeden Schritt gegen die Autoren, da sie sich sicher fühlen und gegen isolierte, überall verstreute Individuen vorgehen, die ohne Zusammenhalt und Stütze und machtlos sind«[7]. Schon im Juli 1777 hatte Beaumarchais in seinem prachtvollen Haus in der Rue Vieille du Temple eine Schar von Dramatikern versam-

melt, um mit ihnen die erste Erklärung der Autorenrechte zu verfassen.
Olympe de Gouges beschloß, daran anzuknüpfen, und rief in einem Rundbrief alle Dramatiker auf, sich mit ihr gegen die Schauspieler zu verbünden. Einer dieser Briefe ging auch an den inzwischen berühmt gewordenen Beaumarchais, den Olympe nach eigenen Angaben seit mehr als zehn Jahren kannte, mit der deutlichen Bitte im Postskriptum, sie zu empfangen. Nun war die exzentrische Ex-Kurtisane und Theaterdebütantin, über die in Paris zahllose Gerüchte kursierten, wohl in den Augen der meisten Autoren nicht die erfolgversprechendste Organisatorin für eine neuerliche Solidaritätsaktion. Jedenfalls antwortete Beaumarchais nicht einmal, und von den vierzig angeschriebenen Autoren waren nur vier bereit, sie zu unterstützen.
Daraufhin ließ sich die junge Dramatikerin eines Tages von einem Droschkenkutscher zu der Villa des ruhmreichen Kollegen bringen. Doch der Diener des Dichters richtete ihr aus, daß sein Herr sehr beschäftigt sei und sie nicht empfangen könne. Als sie um einen Termin bat, mußte sie sich sagen lassen, es sei völlig zwecklos wiederzukommen.
Diese kränkende Geschichte erzählt Olympe de Gouges im Vorwort einer Komödie, die sie wenig später, im Januar 1786, unter dem Titel *Die unerwartete Hochzeit des Chérubin* veröffentlichen wird.[8] Darin macht sie Beaumarchais für das Scheitern ihrer Briefaktion gegen das Théâtre Français verantwortlich. An anderer Stelle wirft sie ihm vor, ihre Theaterstücke wenig freundlich behandelt zu haben. Zum Beispiel das ihm vor einigen Monaten unterbreitete Manuskript *Die Lieben des Chérubin*, dessen Handlung an »Figaros Hochzeit« anknüpfte. Beaumarchais habe verkündet, daß das Stück *unerträglich sei, talentlos, ohne Konzept und Plan*, und man solle es endlich *ins Feuer werfen*. Daraufhin hätten die Schauspieler des Théâtre Français die Aufführung untersagt – eines Stückes, bemerkte sie kokett, das *Ihren Figaro ein wenig aufgefrischt* hätte.[9]
Deshalb entschloß sich Olympe de Gouges, ihr Stück unter dem Titel *Die unerwartete Hochzeit des Chérubin* drucken zu

lassen und sich wenigstens dem Urteil der Literaturkritiker zu stellen. Und tatsächlich fiel das Echo positiv aus. Sogar La Harpe, der gefürchtetste aller Kritiker, brachte im »Mercure de France« einen wohlwollenden Artikel über die Debütantin. Zum Schluß äußerte er sein Erstaunen über folgende Bemerkung im Vorwort ihres Stückes: *Ich überreiche dieses Werk heute dem Publikum noch ganz fehlerhaft, so wie ein in vierundzwanzig Stunden geschaffener Text sein muß, an dem ich nichts geändert habe!* Der Kritiker fragte polemisch: »Ist das die große Geschicklichkeit oder Bescheidenheit?«[10]

Es war das *angeborene Genie*. Nach Olympes Überzeugung jedenfalls zeigte sich ein *natürliches* Talent darin, daß man für ein Werk weniger Zeit brauchte als die Sonne für ihren täglichen Lauf, und häufig prahlte sie damit, ihre Romane oder Theaterstücke in einigen Tagen oder sogar Stunden zu verfassen. Ihrem »Genie« tat es auch keinen Abbruch, gelegentlich anzuführen, daß sie die *Kunstfertigkeit des Schreibens* nicht beherrsche. Sie war im Gegenteil sogar stolz darauf, ihre Werke *wie die großen Herren* Sekretären zu diktieren.

Fortan wurde es Olympe de Gouges zur lieben Gewohnheit, die Veröffentlichung ihrer Theaterstücke, Streitschriften oder Briefe für persönliche Vor- oder Nachworte an das Publikum zu nutzen und bei dieser Gelegenheit auch fast immer von sich selbst zu sprechen. Noch im selben Monat, im Januar 1786, ließ sie ihr zweites Stück erscheinen. Es hieß *Der Freigebige* und nahm sich eines aktuellen Themas an: der Einkerkerung von Millionen Armen, weil sie ihre Schulden nicht bezahlen konnten – am Beispiel eines besonders tragischen authentischen Falles. Im Vorwort bat sie um *Nachsicht für all meine schweren Fehler*, als wollte sie mögliche Kritik vorwegnehmen: *Fehler im Französischen, Konstruktionsfehler, Stilfehler, Wissensfehler, Fehler der Anteilnahme, Fehler in Geist und Genie* – eine offensichtliche Übertreibung, die sie gleichzeitig nutzte, um sich mit ihren angeblichen Fehlern vorteilhaft in Szene zu setzen: *Ich mache aus meiner Unwissenheit eine Trophäe, ich diktiere mit meiner Seele, niemals mit meinem Geist.*[11]

Und tatsächlich erhielt dieses ziemlich melodramatische Stück im Geschmack der Zeit wieder den Beifall der Literaturkritik. Es war übrigens durchaus üblich, sich mit Theaterstücken für Arme einzusetzen und öffentlich zu geloben, ihnen im Falle einer Aufführung einen Teil der Einnahmen zu widmen. Auch Olympe de Gouges griff zu diesem erprobten Druckmittel der Barmherzigkeit, um zu einer Aufführung zu kommen. Es sollte ihr nichts nützen – *Der Freigebige* wurde trotzdem abgelehnt.

Enttäuscht darüber, daß es ihr nicht gelungen war, eines ihrer Stücke in Paris zur Aufführung zu bringen, entschloß sich Olympe de Gouges im Frühjahr 1786, ihr Glück in der Provinz zu versuchen. Sie war jetzt fast achtunddreißig Jahre alt und immer noch eine schöne Frau, »prächtig, sehr lebendig, feurig«, schrieben die »Mémoires secrets« am 8. Januar 1786 in einem Porträt über die Autorin. Trotz ihres Alters sei sie »noch anziehend und fähig, Leidenschaften zu wecken«.

Olympes monatelanger Aufenthalt in der Provinz scheint keinerlei Spuren hinterlassen zu haben. Schaffte sie es, daß der *Chérubin* und der *Freigebige* in den Akademien von Besançon, Arras oder Lyon gespielt wurden? Darüber ist nichts bekannt. Ungewiß bleibt auch, ob sie auf dieser langen Reise tatsächlich von jenem jungen Schauspieler begleitet wurde, den sie am Vortag ihrer Abfahrt in einem Brief an den Schriftsteller Jacques Antoine Dulaure erwähnt hatte. Sie hatte ihn nämlich kokett gefragt, *ob sie wohl fortfahren könne, diesen jungen Mann zu begehren*[12].

Wahrscheinlich kehrte Olympe de Gouges erst Anfang 1787 in die Seine-Metropole zurück. Zu der Zeit wechselte sie erneut ihre Wohnung. Sie zog nun in ein Appartement im dritten Stock eines Hauses, das dem Théâtre Français genau gegenüber lag. Ein deutliches Signal, worauf sie ihre Aufmerksamkeit künftig zu richten gedachte! Von ihren Fenstern aus konnte sie das Kommen und Gehen der Schauspieler beobachten und den Erfolg eines laufenden Stückes am Besucherstrom ablesen.

Neunzehn Monate waren nun seit der Annahme von *Zamore und Mirza* vergangen – genügend Zeit, um die Initiative zu ergreifen und sich wieder in Erinnerung zu bringen! Also erschien Olympe eines Tages bei den »Schauspielern des Königs« und bat um Erlaubnis, ihr Stück veröffentlichen zu dürfen. Da die Wartefrist von zwei Jahren fast verstrichen war, blieb ihnen nichts anderes übrig, als gnädig zuzustimmen. Sie konnten es sich aber nicht verkneifen, der Autorin arrogant entgegenzuhalten, daß sich eine Frau, die die dramatische Laufbahn einschlage, in »offensichtliche Gefahr« begebe.[13] Olympe antwortete selbstbewußt, daß die schönen Künste *geschlechtslos* seien, und brachte das Manuskript zum Drucker.

Kaum waren die ersten Druckfahnen fertig, erhielt sie die Nachricht, die Comédie wolle nun ihr Stück spielen und verteile bereits die Rollen. Überglücklich bezahlte sie den Drucker und ließ die Fahnen zerstören.

Doch das Unglück folgte auf dem Fuße: Plötzlich wurde die Hauptdarstellerin, Mademoiselle Olivier, krank und starb kurz darauf. Statt die Hauptrolle neu zu besetzen, wurde die vorgesehene Aufführung annulliert, und *Zamore und Mirza oder Der glückliche Schiffbruch* verschwand in den Archiven der Comédie Française.

5
Salons, Philosophen und erste Pamphlete

Am Vorabend der Revolution

Im »Blauen Salon« der Comtesse Fanny de Beauharnais, dem illustren Mittelpunkt der Pariser Literaturszene, sah man im Jahre 1787 häufig eine schöne temperamentvolle Dame mit südländischem Akzent. »Olympe de Gouges«, raunte man sich zu. Bei den Dichterlesungen dreimal monatlich im Palais der Comtesse erschien sie meist in Begleitung eines bekannten Pariser Schriftstellers, der erst vor einiger Zeit aus dem Exil zurückgekehrt war: Louis Sébastien Mercier. Der inzwischen auch in Deutschland vielgelesene und hochgeschätzte Autor des »Tableau de Paris« brauchte sich vor der Polizei nicht mehr zu fürchten; sein Ruhm schützte ihn und machte ihn sogar für die Comédie Française nach den vielen Jahren des Boykotts wieder annehmbar: Sein neues Stück »La Maison de Molière« (Das Haus von Molière) wurde im Oktober 1787 akzeptiert und sogleich gespielt. Übrigens sehr zum Verdruß seiner Freundin Olympe, die noch immer auf eine Aufführung von *Zamore und Mirza* wartete und sich bei der Comédie bitter darüber beklagte, daß Merciers Stück dem ihren vorgezogen worden war...

Doch die Zeiten begannen sich zu ändern. In diesem Jahr 1787, als sich Frankreichs Finanzkrise weiter zuspitzte, erfaßte eine Art geistiges Fieber die Metropole. Neue Clubs, literarische Cafés und philanthropische Zirkel schossen wie Pilze aus dem Boden. In den Salons diskutierte man nun mehr und mehr über Staatspolitik und die Ideen der Aufklärung. Natürlich auch im »Blauen Salon« der geistreichen Comtesse de Beauharnais. Seit fünfundzwanzig Jahren führte sie »das emanzipierte Leben einer schreibenden Grande Dame«; sie hatte selber etliche Romane, Gedichte und Erzählungen veröffentlicht, hatte mit Voltaire korrespondiert und mit dem König von Preußen. Und wahrscheinlich wurde nirgendwo mit größerer Leidenschaft über Reformen und die Zukunft der Nation gestritten als in ihrem »Blauen Salon«, den einer ihrer Stammgäste, der mondäne und auch zu Olympes Kreis zählende Autor Chevalier de Cubières, später als das »Ei der Nationalversammlung« bezeichnen wird.[1]

Wie ihr philosophiekundiger Freund Mercier begeisterte sich Olympe de Gouges für die freiheitlichen Ideen und lauschte atemlos den hitzigen Debatten über die Theorien der Aufklärer und die neuen politischen Fragen. Hatte Montesquieu recht, wenn er »die konstitutionelle Monarchie bei ›Gewaltenteilung‹ zwischen Exekutive, Legislative und Rechtsprechung« empfahl – ein liberales Programm also, »das im Gleichgewicht die beste Sicherung gegen despotische Herrschaft erblickte«?[2]

Oder sollte sie sich, als glühende Verehrerin Jean-Jacques Rousseaus, an dessen schärfer formulierte Naturrechte aller Bürger auf Freiheit und Gleichheit halten? »Der Mensch ist frei geboren«, lautete der erste Satz seines klassischen Werkes vom »Contrat social« (Gesellschaftsvertrag). Darin hatte Rousseau an Stelle des Königs die Gesamtheit des Volkes zum »Souverän« erklärt und geschrieben: »Kein Bürger soll so reich sein, daß er einen anderen kaufen kann, und keiner so arm, daß er gezwungen wäre, sich zu verkaufen [...] Beide Zustände, die ihrer Natur nach unzertrennbar sind, gereichen dem Staatswohl gleichermaßen zum Unheil; dem einen entspringen die Beförderer der Tyrannei und dem anderen die Tyrannen.«

Aber solchen Einsichten hatte wiederum Voltaire, dem man schon zu Lebzeiten als »Sonne der Aufklärung« huldigte, einschränkend entgegengehalten: »Gleichheit ist die natürlichste Sache und das größte Hirngespinst zugleich [...] Das Menschengeschlecht ist so geartet, daß es nicht bestehen kann ohne eine unendliche Vielzahl von nützlichen Menschen, die nichts besitzen.«[3]

Welche Schriften von Voltaire, Rousseau und anderen Aufklärern kannte Olympe de Gouges? War sie imstande, die Philosophen selbst zu lesen? Oder wurden ihr deren Ideen von Mercier und den Intellektuellen ihres Kreises vermittelt? In den Vorworten ihrer eigenen Texte hat sie sich nicht dazu geäußert. Beeinflußte sie zum Beispiel der radikale Denker und einfallsreiche Schriftsteller Denis Diderot, Autodidakt wie sie, der als Herausgeber und Autor der epochalen »Encyclopédie« wichtige aufklärerische Impulse gab? Nach Diderots Maxime »setzt sich der Philosoph über Tradition und Autorität kühn hinweg. Er wagt es, für sich selbst zu denken, zu den klarsten allgemeinen Grundsätzen vorzudringen und nichts anzuerkennen außer dem Zeugnis der Sinne und der Vernunft«[4]. Eine Aussage, die Olympes literarischer und politischer Unvoreingenommenheit durchaus entgegenkam!
In den Aufzeichnungen des Comédie-Schauspielers Fleury heißt es, Olympe de Gouges habe ebenso wie Mercier »von einer anderen Welt« geträumt. Sie galt als Atheistin, glaubte aber fest an die Reinkarnation. Nach ihrer eigenwilligen persönlichen Philosophie sah sie in Tieren »die Berühmtheiten vergangener Zeiten [...], die Buße tun müßten«, berichtet Fleury. Sie besitze Hunde, Katzen, Affen, Papageien, Gimpel mit klangvollen Namen, plaudere mit ihnen, lese ihnen sogar vor und betrachte sich selbst »als Gastgeberin, die zahlreichen gestürzten Größen, den Glücklosen, Asyl gewährte« – »als ob sie die Wissenschaft im Pelz und die Künste im Federkleid empfinge«, kommentiert Fleury süffisant. Man spottete über Olympes exzessive Tierliebe und behauptete sogar, daß es in ganz Paris »kein belebteres Haus als die Wohnung von Madame de Gouges« gäbe.
Fleury beobachtete, wie Olympe unter den Arkaden der Comédie regelmäßig mit einem älteren Herrn von ehrwürdigem Aussehen spazierenging, der ihren Glauben an die Seelenwanderung teilte. Sie sei eigentümlich frisiert gewesen, notierte Fleury; »um ihre Blutzirkulation im Kopf nicht zu behindern«, habe sie einen frei wallenden Schleier auf den

Jean Jacques Rousseau, Stich von J. B. Michel.

Haaren getragen, der ihn an den »Seifenschaum einer Bartrasur« erinnerte.[5]

Nun, an Spott war Olympe fürwahr gewöhnt. Beaumarchais zum Beispiel hatte in die Welt gesetzt, sie sei gar nicht die Autorin ihrer neuerdings gelobten Theaterstücke. Olympe rächte sich mit einer Streitschrift, in der sie den angeblichen »Frauenfreund« Beaumarchais attackierte. *Wird es den Frauen denn nie erlaubt sein, den Schrecken der Armut anders als mit niederträchtigen Mitteln zu entkommen?* klagte sie und bot Beaumarchais eine Wette an: Hundert Louis setze sie darauf, in Gegenwart von *ganz Paris* ein Theaterstück zu irgend einem gewünschten Thema zu verfassen ... Einem weniger prominenten Verleumder, der in ihrer Gegenwart ahnungslos behauptet hatte, diese Olympe de Gouges könne die Worte ihres Werkes nicht einmal denken, schleuderte sie wütend entgegen: *Männer ihrer Sorte findet man überall; aber lassen Sie sich gesagt sein, daß es Jahrhunderte braucht, um Frauen wie mich hervorzubringen!*[6]

Anfang 1788 entschloß sich Olympe de Gouges, dem Beispiel ihres Freundes Mercier zu folgen und ebenfalls ein Stück über Molière zu schreiben. Nach mehreren erfolglosen Beschwerden bei der Comédie hoffte sie, mit einem Stück über den »Vater der Komödie« die Gunst der Komödianten zurückzugewinnen. Ihr Manuskript *Molière bei Ninon oder Das Jahrhundert der Großen Männer*, das sie nun beim Lektürekomitee einreichte, entstand laut Vorwort wie *in einem Traum*: Es erzählt die Geschichte eines Mädchens einfacher Herkunft, das sein Elternhaus verläßt, um der Schauspieltruppe Molières zu folgen. Doch der große Komiker führt das Mädchen auf den rechten Weg zurück, indem er für dessen anständige Verheiratung sorgt.

Tatsächlich bestellte man die Autorin am 13. Februar um elf Uhr zu einer Lektüre. Was nun geschah, hat Olympe im Vorwort ihres Stückes ausführlich geschildert. Kein einziger Schauspieler erschien zum vereinbarten Termin. Sie wartete zwei Stunden – vergeblich. Nachdem sie ärgerlich in ihre Wohnung am Theaterplatz zurückgekehrt war, sah sie von ihrem Fenster aus, wie die Schauspieler, einer nach dem anderen, ins Theater schlichen. Daraufhin stellte sie die Truppe zur Rede. Es kam zu einer lautstarken Auseinandersetzung, in deren Verlauf die zornige Olympe den Schauspieler Fleury – halb im Ernst – zum Duell herausforderte. Als die Lektüre schließlich eine Woche später in frostiger Atmosphäre stattfand, wurde *Molière bei Ninon* natürlich abgelehnt.

Diese neuerliche Willkür erbitterte Olympe de Gouges so sehr, daß sie den Gedanken erwog, nach London zu gehen. Da jedoch Anfang 1788 gleichzeitig die ersten beiden Bände ihrer Werke erschienen, bereitete es ihr eine gewisse Genugtuung, darin wenigstens die Borniertheit der »Schauspieler des Königs« in epischer Breite publik machen zu können. Übrigens widmete sie die Bände dem von ihr seit langem verehrten Herzog von Orléans; damit unterstellte sie sich dem Schutz eines in der Bevölkerung beliebten Oppositionellen, dessen gespannte

Beziehungen zum Königshof bekannt waren. Auch im dritten Band ihrer Werke, im April 1788 erschienen und diesmal dem Prinzen von Condé gewidmet, rechnete sie mit den Schauspielern des Théâtre Français ab, die nun schon seit fast vier Jahren ihre Dramatiker-Karriere blockierten.

Unter den von Olympe de Gouges gerade publizierten Werken befanden sich auch ihre *Reflexionen über die Neger-Menschen*, mit denen sie wieder einmal für ihr Stück *Zamore und Mirza* warb. Deutlicher als in dem naiv-romantischen Drama brandmarkte sie hier öffentlich die Sklaverei der Schwarzen und plädierte, sich auf die Natur berufend, für die Gleichheit aller Menschen:

Die Gattungsart der Neger-Menschen hat mich wegen ihres erbärmlichen Schicksals immer interessiert [...]. [Schon als Kind sah ich, daß man] *diese Leute wie Tiere behandelte, wie Wesen, die der Himmel verflucht hatte; aber älter werdend sah ich klar, daß es die Gewalt und das Vorurteil waren, die sie zu dieser entsetzlichen Versklavung verurteilt hatten, daß die Natur daran keinen Anteil hatte und daß das ungerechte und mächtige Interesse der Weißen alles verursacht hatte.* [...]

Wann wird man sich damit beschäftigen, es [das schreckliche Schicksal der Neger] *zu ändern oder wenigstens zu mildern?* [...] *Der Mensch ist überall gleich. Die gerechten Könige wollen gar keine Sklaven.* [...]

Wenn sie Tiere sind, sind wir es dann nicht auch? Und worin unterscheiden sich die Weißen von dieser Gattungsart? In der Farbe. [...] *Die Farbe des Menschen ist ebenso nuanciert wie bei allen Tieren, die die Natur hervorgebracht hat, ebenso wie bei den Pflanzen und Mineralien. Warum streitet der Tag nicht mit der Nacht, die Sonne mit dem Mond und die Sterne mit dem Firmament? Alles ist verschieden, und darin liegt die Schönheit der Natur.* [...]

Erscheint es den Europäern, die sich durch ihre Industrie beträchtliche Wohnstätten erworben haben, nicht grausam, diese Unglücklichen von morgens bis abends krumm und lahm zu schlagen, die ihre fruchtbaren Felder nicht weniger bestellen würden, wenn sie mehr Freiheit und Freundlichkeit erführen?

Ist ihr Schicksal nicht grausam, ihre Arbeit nicht mühsam genug, ohne daß man sie für den kleinsten Fehler aufs schrecklichste züchtigte?[7]

Das war ein neuer politischer Ton in Olympe de Gouges' persönlichen Betrachtungen! Die Parteigänger der alten Ordnung bemerkten es argwöhnisch. Gerade war der aufrührerische Advokat und Publizist Jacques Pierre Brissot aus London zurückgekehrt und hatte die Idee mitgebracht, nach englischem Beispiel auch in Paris eine Gesellschaft zur Abschaffung des Sklavenhandels zu gründen: die »Société des amis des noirs«. Olympe fühlte sich in ihren Ideen bestätigt und unterstützte die »Freunde der Schwarzen«, auch wenn sie ihnen nicht als Mitglied beitrat.

In diesem Jahr 1788, als Olympe de Gouges vierzig Jahre alt wurde, begann sie sich mit Eifer und Engagement in den Wirbel der politischen Tageskämpfe zu stürzen. Auf einmal war das Theater mit seinen Intrigen und Querelen nicht mehr ihre ganze Welt. Die Diskussionen im »Blauen Salon« und mit ihrem Freund Mercier drehten sich mehr und mehr um den Machtkampf des Monarchen mit den »Parlamenten«, den hohen Gerichtshöfen, die alle Steuerreformversuche zuungunsten ihrer Privilegien abzuwehren versuchten. Nach zwei Mißernten, starken Regenfällen und Überschwemmungen im Jahre 1787 nahm das Elend des Volkes rapide zu. Ein heißer Sommer folgte, Dürre und im Juli 1788 ein Hagelschlag, der einen großen Teil der Ernte vernichtete. Die Brotpreise stiegen dramatisch. Hungerkatastrophen drohten. Was sollte, was konnte geschehen, um das Unheil aufzuhalten?

Im August 1788 erreichte die seit Jahren anhaltende Staatskrise ihren vorläufigen Höhepunkt: König Ludwig XVI. sah sich gezwungen, den Forderungen der Parlamente und der Öffentlichkeit nachzugeben und für das folgende Jahr die Generalstände einzuberufen. Seit 1614 war dieses Ständegremium, zu dem auch der Dritte Stand gehörte, nicht mehr zusammengetreten. Die nächste Schlagzeile des Monats: Calonnes Nachfolger im Amt des Generalkontrolleurs der Finanzen hatte ebenfalls aufgegeben und war am 24. August

zurückgetreten. Daraufhin berief der König zum zweiten Mal den populären Bankier und Ex-Minister Necker in das schwierigste Amt der Nation.
In diesen letzten Augusttagen, noch unter dem Eindruck der Ernennung Neckers, entstand Olympe de Gouges' erstes politisches Pamphlet. Die 31 Seiten lange Broschüre erschien anonym und trug den Titel *Brief an das Volk oder Plan einer patriotischen Kasse*, vorgelegt *von einer Bürgerin.*[8]
Zum ersten Mal fühlte sich Olympe de Gouges gedrängt, in Fragen der höchsten Politik mitzureden und der Öffentlichkeit ihre Konzepte zu präsentieren. Um die Schuldenlast des Staates zu mildern, schlug sie eine freiwillige Steuer aller Stände vor, entrichtet in eine *patriotische Kasse*. Mit der *Stimme einer gerechten und empfindsamen Frau* predigte sie dem Volk eine patriotische Moral, die allerdings von revolutionären politischen Veränderungen himmelweit entfernt war.
Zunächst beteuert sie, daß den König keine Schuld an der Misere träfe, sondern daß seine Vorgänger das *Defizit* verursacht hätten. Sie rühmt *die Güte und Milde Seiner Majestät* und verurteilt die aufrührerischen Traktate zahlreicher Schriftsteller, die das Volk aufhetzten und die politischen Konflikte verschärften. Mit der *patriotischen Kasse* aber will sie die *gute Monarchie* retten: *Der König ist wie ein Vater, dessen Angelegenheiten in Unordnung geraten sind; also kommt es der Ehre seiner Kinder, ihrer Liebe und ihrem Respekt zu, diesem unglücklichen Vater freiwillig zu Hilfe zu eilen.*
Keineswegs solle am Glanz des Königshauses gespart werden: *Der König muß nicht nur seinen Untertanen Respekt und Ehrfurcht einflößen durch den Glanz, der ihn umgibt; er muß ihn vielmehr auch fremden Völkern vor Augen führen, um den Eindruck zu erwecken, die Nation verfüge über hohe Einkünfte. Der Hof Frankreichs ist immer der erste Hof Europas gewesen; wenn man seinen Glanz zu sehr trübt, ist er nicht mehr der Hof Frankreichs* [...].
Auch wenn Olympe das Elend des Volkes in Paris erwähnt, *den Arbeiter*, dem es *an Brot fehlt, um es seiner Frau, seinen Kindern zu geben*, so zieht sie daraus doch keinerlei politische

Konsequenzen. Tatsächlich verschlang der königliche Haushalt in den Jahren vor der Revolution jährlich »weit über 60 Millionen, das heißt, fast ein Viertel aller Staatseinnahmen, und jeder auch nur einigermaßen informierte Franzose weiß dies oder ahnt es wenigstens!«[9]

Die Broschüre *Brief an das Volk* erschien am 6. November 1788 im »Journal Général de France«, und zwar bereits auf der ersten Seite wirkungsvoll angekündigt als erste politische Propagandaschrift von Madame de Gouges. Das Titelblatt des Textes zierte eine Illustration von Desrais; sie zeigt die *patriotische Kasse* gleich einer Schatzschatulle, um die sich personifiziert die Stände Frankreichs mit ihren *freiwilligen Steuern* drängen ... (Dieses so idealistisch und realitätsfern anmutende Projekt sollte im folgenden Jahr tatsächlich ein Stück Wirklichkeit werden – allerdings erst nach Konstituierung der revolutionären Nationalversammlung, also unter verändertem politischen Vorzeichen. Nun wurde es populär, bei der Vertretung des Volkes patriotische Natural- und Geldgaben einzuzahlen.)

Schon einen Monat nach dieser spektakulären Veröffentlichung Olympe de Gouges' erschienen am 15. Dezember 1788, ebenfalls im »Journal Général de France«, ihre *Patriotischen Anmerkungen*. Der strenge Hungerwinter 1788/89 hatte begonnen, und Olympe schildert in dieser Schrift eindrücklich den *erbärmlichen Zustand des Volkes*: [...] *unzählige Arbeiter haben weder Arbeit noch Brot*, doch *der herzlose Reiche versteckt sein Geld.*[10] Deshalb fordert sie energische Maßnahmen gegen die Wucherer und Hamsterer.

Im folgenden schlägt die Dramatikerin staatliche Fürsorgeeinrichtungen für die Ärmsten vor: *Ah! Könnte man Häuser gründen, die nur im Winter geöffnet wären, für die Arbeitslosen, die kraftlosen Alten, die hilflosen Kinder.* [...] *Die Witwen der Arbeiter, die ihren Gatten plötzlich verlieren, fänden in diesen Asylen eine rasche Hilfe für sich und ihre Kinder.*[11] Sie stellt sich vor, daß man die Arbeiter während der härtesten Jahreszeiten in diesen Häusern beschäftigen könnte – gleich jenen »Wohltätigkeitswerkstätten«, die in diesem Hungerwin-

Das Titelbild zu Olympe de Gouges' Schrift »Brief an das Volk oder Plan einer patriotischen Kasse«, Stich von Frussolte.

ter in den größeren französischen Städten eingerichtet wurden, um die Brotlosen mit Notstandsarbeiten über Wasser zu halten. Allein in Paris mit seinen 600.000 Einwohnern gab es im Dezember 1788 etwa 80.000 Arbeitslose.

Dann kommt Olympe de Gouges auf ihr Projekt einer *patriotischen Kasse* zurück und erweitert es um den Vorschlag einer Luxussteuer: *Eine ebenso vernünftige wie nützliche Steuer wäre diejenige, welche man für die Knechtschaft schaffen könnte: Je mehr ein Herr Diener hätte, desto höher wäre seine Steuer. Man sollte auch die Zahl der Pferde, der Wagen, den Umsatz besteuern* und – eine ihrer Zeit vorauseilende Idee – *alle Spielhallen von Paris*. Selbstgefällig fügt sie hinzu: *Ich wage es, dafür zu bürgen, daß durch meinen Plan die nationalen Schulden innerhalb von fünf Jahren getilgt wären.*

Zum Schluß plädiert sie dafür, den vielen untätigen Männern der Großstädte, die sich verweichlicht nur ihren Lastern hingeben, unkultiviertes Land zu überlassen: *Die Regierung sollte alles Brachland des Königreiches an Gesellschaften geben oder jedem einzelnen so viel Fläche, wie er bewirtschaften kann* – ein naiver, die Feudalordnung ignorierender Vorschlag. All diese wohltätigen Projekte hindern Olympe de Gouges keineswegs daran, auch in dieser Schrift mehrfach ihren Enthusiasmus für das Königshaus zum Ausdruck zu bringen. In einem Traum habe sie zum Beispiel *den König und die Königin in einem offenen Wagen gesehen, neben einem Baum, der sich unter der Last von prachtvollen Früchten neigt. Die Königin schüttelt die herrlichen Äste, und die Früchte fallen in die Hände des Volkes, das vor ihr auf den Knien liegt.*[12]

Aus diesen ersten politischen Publikationen von Olympe de Gouges spricht nicht gerade ein revolutionäres Bewußtsein. Die wichtigsten Fragen, die, ausgelöst durch das unlösbare Steuerdilemma, in den Literatencafés und Clubs diskutiert wurden, erwähnt sie nicht einmal: Was sollte mit den Feudalrechten geschehen? Mit den Privilegien von Adel und Klerus? Mit der absoluten Monarchie von Gottes Gnaden? Was sollten und konnten die Generalstände durchsetzen? Wie viele Abgeordnete sollte der Dritte Stand erhalten? Statt dessen

Olympe de Gouges überreicht ihre »Patriotischen Anmerkungen« dem König und der Königin, Stich von Frussolte.

präsentierte Olympe als Lösung der jahrelangen Staatskrise ein ebenso gutwilliges wie schlichtes Konzept, das den Ständestaat und den Absolutismus nicht antastete.

Daß die Verteidigerin der Monarchie, die auch später noch in fast kindlich-rührender Weise am Königshaus hing, keinesfalls als »Republikanerin der ersten Stunde« (Ruth Henri) bezeichnet werden kann, geht aus Olympe de Gouges' Schriften eindeutig hervor. Leider wurden jedoch in manchen Textsammlungen ganze Seiten, Passagen oder auch nur Halbsätze, die zu königstreu, zu frauenfeindlich oder zu egozentrisch-eitel klingen, aus ihrem Werk herausgestrichen – offenbar gezielt, weil sie nicht in das vorgefaßte Bild einer Revolutionärin und unerschrockenen Vorkämpferin der Frauenrechte passen. So sind zum Beispiel Benoîte Groults Streichungen in den von ihr präsentierten »Œuvres«-Auszügen derart einseitig, daß bei Schriften wie etwa dem *Brief an das Volk oder Plan einer patriotischen Kasse* ein völlig falscher Eindruck von den Intentionen der Autorin de Gouges entsteht.

Ihren neuentbrannten politischen Ehrgeiz teilte die Dramatikerin im übrigen mit unzähligen Zeitgenossen. Politische Publikationen lagen sozusagen im Trend der Zeit. In diesen Wintermonaten 1788/89 überschwemmte eine wahre Springflut an Flugschriftenliteratur Paris. Die Zensur, obwohl noch nicht abgeschafft, verstummte nahezu. Am berühmtesten unter all diesen Schriften wurde auf Anhieb ein im Januar 1789 veröffentlichtes Pamphlet des Abbé Sieyès, ein »Bestseller« über den Bügerstand, der eine ungeheure Wirkung erzielte: »Was ist der Dritte Stand? Alles. Was ist er bisher in der staatlichen Ordnung gewesen? Nichts. Was will er? Etwas darin werden.«

Im Gegensatz zu Olympe de Gouges' Applaus für den Glanz des Hofes entlarvte Sieyès schonungslos dessen Schmarotzertum: »Die Adelskaste ist wirklich ein besonderes Volk, aber ein falsches Volk, das aus Mangel an nützlichen Organen nicht für sich allein leben kann und sich daher an eine echte Nation hängt wie die Pflanzenauswüchse, die nur vom Safte der Pflanzen leben können, die sie aussaugen und austrocknen. [...]

Alle Zweige der ausübenden Gewalt sind in die Hände der Kaste gefallen, aus der sich bereits die Kirche, die Justiz und das Militär rekrutieren. [...] Der Hof regiert, nicht der Monarch. Der Hof schafft und verteilt die Stellen. Und was ist der Hof anderes als die Spitze der ungeheuren Aristokratie, die ganz Frankreich bedeckt?«[13]

Als sich in den ersten Monaten des Jahres 1789 in mehreren Provinzen Hungerunruhen ausbreiteten, soll Königin Marie Antoinette, die in Olympes Traum das Volk mit Früchten speiste, gesagt haben: »Wenn es den armen Leuten an Brot fehlt, warum essen sie dann nicht Kuchen?«[14]

Olympe hat es wohl nicht erfahren.

6
Aufschrei einer Patriotin in Versailles

Das Ende des Ancien Régime und die Heldinnen des 6. Oktober

Frühling in Versailles. In ein paar Tagen, am 5. Mai 1789, werden Frankreichs Generalstände zusammentreten. Olympe de Gouges fiebert dem Ereignis entgegen. Wieder einmal ist sie umgezogen. Diesmal nach Versailles, in den Boulevard du Roi Nummer 4, um dem Schauplatz der großen nationalen Performance so nahe wie möglich zu sein.

Gerade hat sie ihr erstes politisch-philosophisches Traktat veröffentlicht. Es trägt den schönen Titel *Das ursprüngliche Glück des Menschen oder Die patriotischen Träumereien* und beruft sich auf Jean-Jacques Rousseau, besonders auf dessen 1754 erschienene »Abhandlung über den Ursprung und die Grundlagen der Ungleichheit unter den Menschen«. Zu jener neuen Philosophie des Glücks und der Gleichheit erschienen damals Dutzende von Traktaten. Olympe de Gouges ist sehr stolz auf ihre Schrift und überzeugt davon, unter den Abgeordneten der Generalstände jenen Männern zu begegnen, die ihren Werken die gebührende Wertschätzung entgegenbringen werden.

Noch sind nicht alle Deputierten in Versailles eingetroffen, auch nicht die aus ihrer südlichen Heimat Montauban. Nachmittags spaziert Olympe ungeduldig über frischgeharkte Gartenwege; nur manchmal blickt sie zerstreut zu den blühenden Bäumen empor, den Kopf voller Gedankensplitter, Pläne und Reminiszenzen. Wie schön wäre es doch, wenn sie jetzt mit Louis Sébastien Mercier durch die Anlagen flanieren und mit ihm über alles reden könnte! Ah, dieser aufregende Wahlkampf in den letzten Monaten! Ein Tauziehen zwischen Liberalen und Konservativen sogar bei Adel und Klerus, die, zusammen nur drei Prozent der Bevölkerung, ihre Vertreter direkt bestimmten. Komplizierter die Wahl der Deputierten des Dritten Standes, nach einem von Necker durchgesetzten Erlaß tatsächlich in verdoppelter Zahl – also sechshundert gegenüber je dreihundert des Ersten und Zweiten Standes. Aber hatte Sieyès nicht unrecht, wenn er behauptete, der Dritte Stand sei »alles«, nämlich die ganze Nation – ohne privilegierte Schmarotzer? Sie zum Beispiel, Olympe, eine talentierte, schöne und nicht ganz unvermögende Frau, gehörte sie denn dazu? Wählbar waren Frauen jedenfalls ebensowenig wie Schauspieler und Geisteskranke, wie Juden, Obdachlose und Habenichtse. Wählbar war nur der wohlhabende Bürger männlichen Geschlechts, der genügend Steuern zahlte...

Doch Olympe war noch weit davon entfernt, diese Wahlordnung in Frage zu stellen und für Frauen gleiche staatsbürgerliche Rechte zu beanspruchen. Als sich in den Wochen und Monaten zuvor die Bürger bis ins hinterste Dorf versammelten, um in Beschwerdeheften (»cahiers de doléances«) ihre Nöte, Meinungen und Erwartungen für die Ständeversammlung niederzulegen, waren Frauen selbstverständlich ausgeschlossen. Dennoch befinden sich unter den etwa 60.000 erhaltenen Beschwerdeschriften auch etliche von Frauen verfaßte, meistens anonym oder nur mit Initialen oder einem Vornamen versehen. Darin beklagen sie vor allem »die schlechte Schulung und Ausbildung von Mädchen« und fordern »das Recht, einen Beruf auszuüben und sich damit ihr Leben zu verdienen«. Den meisten Frauen bliebe nur die Wahl zwischen Ehe und Prostitution. Die Autorinnen der »Bittschrift des Dritten Standes an den König« wehren sich dagegen, daß Männer in traditionellen Frauenberufen wie Näherin, Strickerin, Modistin arbeiten dürfen: »Man soll uns wenigstens die Nadel und die Spindel lassen.« Auch eine Reform des Vermögensrechtes wird gefordert: »Jede volljährige Frau, ob ledig oder verheiratet, soll über ihr Vermögen frei verfügen dürfen, und die Mädchen sollen ihren Brüdern auch erbrechtlich gleichgestellt sein.« Doch nur wenige wagen es, den Deputierten die Forderung nach politischer Gleichberechtigung mit auf den Weg nach Versailles zu geben. So zum Beispiel eine Madame B. B., die sich »für die Zulassung der

Frauen zu den Generalständen« einsetzt, da Frauen »ihre Interessen nur selber vertreten« könnten ...[1]
Solchen Forderungen ihrer Geschlechtsgenossinnen stand Olympe de Gouges eher distanziert gegenüber. Als sie in jenen Maitagen 1789 ihre erste Versailler Schrift diktiert, wirft sie den Frauen ganz im Gegenteil vor, ihren häuslichen Platz vernachlässigt zu haben. *Aufschrei eines Weisen – Von einer Frau* nennt sie diesen achtseitigen Text. Darin beschwört sie Frankreichs *glückliche, mythische Zeiten*; sie begibt sich *auf die Suche nach der Quelle allen Übels* und findet sie – man liest es staunend – bei den Frauen:
Frauen, was habt ihr getan, was angerichtet? Glaubtet ihr tatsächlich, eure Macht bewahren zu können, indem ihr euch an die Spitze der Männer vordrängtet? Nun liegt alles in Trümmern, und euer natürlicher Zauber ist entschwunden, zusammen mit dieser edlen Sittsamkeit, die früher die Frauen in den Augen der Männer so rührend und teuer erscheinen ließ. Die Zügel eures Hauswesens habt ihr schleifen lassen, euren Kindern die Mutterbrust verweigert: skrupellosen Dienstboten ausgeliefert, haben sie euch hassen und verachten gelernt.
Oh, du verführerisches und doch so treuloses Geschlecht, schwach und doch allmächtig, trügerisch und doch betrogen! O ihr, die ihr die Männer in die Irre geleitet habt und nun von ihnen dafür bestraft werdet, bringen sie doch euren Reizen, euren Verführungskünsten und immer neuen Bemühungen nichts als Verachtung entgegen![2]
Diese scheinbar antiquierte Moralpredigt der künftigen »Ahnfrau des Feminismus« wird nur verständlich aus den Strömungen der Zeit. Tatsächlich ist Olympes *Aufschrei* ganz und gar erfüllt von Rousseauschem Geist. Seit Rousseaus Ideen in den achtziger Jahren in Mode gekommen sind und besonders sein Erziehungsroman »Emile« großen Anklang findet, erschallt gerade in aufgeklärten Kreisen immer lauter der Ruf, die Frauen sollten zu ihren »natürlichen« Aufgaben als Hausfrau und Mutter zurückkehren. Mehr und mehr empört man sich nun darüber, daß die Mütter ihre Kinder nur noch in Ausnahmefällen stillen. Bereits 1780 stellte der Polizeileutnant Lenoir

fest, daß »von den 21.000 Kindern, die jährlich in Paris geboren werden, knapp tausend von ihrer Mutter gestillt werden. Weitere tausend genießen das Privileg, im Elternhaus von Säugammen gestillt zu werden. Alle anderen werden im zartesten Alter bei einer Pflegemutter untergebracht, die unter Umständen weit weg lebt«[3].

Gerade kurz vor und zu Beginn der Revolution prangert Olympe de Gouges wiederholt soziale Mißstände an. So beklagt sie zum Beispiel in einem Zeitungsartikel die schrecklichen Zustände in den Entbindungsanstalten für arme Frauen, greift das leidvolle Schicksal der *betrogenen Mademoiselles* auf und plädiert immer wieder, bis hin zu ihrer Frauenrechtserklärung, für einen Sittenwandel. Nie wird sie aufhören, die alten Zeiten und das Vorbild der Römerinnen zu beschwören – auch dies übrigens eine seit Rousseau weitverbreitete Gewohnheit.

Erstaunlich ist nur, daß die glühende Anhängerin Rousseaus sich so wenig an der untergeordneten Stellung störte, die dieser den Frauen zugedacht hatte. Im »Emile« heißt es, daß die Frau »von Natur aus« schwach, passiv und »besonders dazu geschaffen ist, dem Mann zu gefallen«, ihm »nachzugeben und sogar seine Ungerechtigkeit zu ertragen«. In dem auch von vielen Frauen so begeistert aufgenommenen »Emile« steht klipp und klar, daß es die Bestimmung der Frau sei, über das »Drinnen« zu herrschen – »in ihrem Haus nicht weniger eingeschlossen als die Nonne in ihrem Kloster«. Die Welt und das »Draußen« soll sie dem Mann überlassen. Unmißverständlich erklärt Rousseau: »Die Männer zu erziehen, wenn sie jung sind, sie zu umsorgen, wenn sie groß sind, sie zu beraten, sie zu trösten [...], das sind die Pflichten der Frauen zu allen Zeiten.«

Vor einer »gründlichen Bildung« der Frauen fürchtet sich Rousseau geradezu: »Ich wollte aber doch hundertmal lieber ein einfaches und derb erzogenes Mädchen als einen Blaustrumpf und Schöngeist heiraten, der in meinem Hause ein Literaturgericht eröffnen und sich zur Präsidentin machen würde. Eine Frau, die ein Schöngeist ist, ist die Geißel ihres

Mannes, ihrer Kinder, ihrer Freunde, ihres Gesindes, der ganzen Welt. In der erhabenen Hoheit ihres Geistes verachtet sie alle ihre Frauenpflichten [...].«[4]

Rousseaus Auffassung von der Rolle der Frau beeinflußte weitgehend das Denken der französischen Revolutionäre und schlug sich später im »Code civil«, dem napoleonischen Gesetzbuch, nieder. Seine Theorie der weiblichen Natur prägte aber auch, wie Olympe de Gouges' *Aufschrei eines Weisen* deutlich zeigt, das Denken einer Frau, die auszog, um in der Welt der Männer eine Rolle zu spielen, welche ihr Idol Rousseau zweifellos mißbilligt hätte. In Versailles jedenfalls hoffte Olympe, gerade mit jenem moralischen Traktat à la Rousseau die Herren der Generalstände zu beeindrucken. Sie wird ihnen schon bald den *Aufschrei eines Weisen* und auch alle ihre folgenden Schriften zukommen lassen.

Inzwischen hatte die feierliche Eröffnung der Generalversammlung durch König Ludwig XVI. stattgefunden. Olympe de Gouges erlebte sie wie eine Theaterpremiere: Der Auftritt der über elfhundert Abgeordneten, die Adligen in schwarzen Mänteln mit goldenen Aufschlägen und weißen Strümpfen; beim Klerus das leuchtende Violett der Bischofs-Soutanen und die roten Mäntel der Kardinäle, aber auffällig häufig die bescheidene Tracht der »niederen« Landpfarrer; schließlich das doppelte Aufgebot des Dritten Standes ganz in Schwarz, sehr schlicht die Röcke, Westen, Hosen. Und im Hintergrund, unter einem goldenen Baldachin, der Thron des Königs, flankiert von dem hohen Sessel der Königin und dem Schemel des Prinzen.

Trotz des glanzvollen Rahmens riefen die Reden des Monarchen und seines Ministers sofort Enttäuschung hervor: Kein Wort über ein Reformprogramm, nichts über den entscheidenden Abstimmungsmodus – nach Köpfen oder Ständen? –, nichts über eine neue Verfassung. Der König wünschte von den Generalständen lediglich die »Billigung eines verzweifelten Finanzmanövers«, als begriffe er nicht, daß die gesamte Nation hellwach auf ein Zeichen der Veränderung wartete.

In den folgenden Tagen weigerten sich die Männer des Dritten

Standes, sich getrennt von den privilegierten Ständen zu konstituieren, und benannten sich in »députés des communes« (Abgeordnete der Gemeinen) um. Man traf sich regelmäßig im großen Ständesaal »Menu des plaisirs« und diskutierte über ein gemeinsames Vorgehen, unterstützt vom Publikum auf den Tribünen. Und ganz vorn, in einer der ersten Logen, saß Olympe de Gouges und wartete darauf, in einem günstigen Augenblick diese neue Bühne des Patriotismus zu betreten.
Diese Stunde schien ihr gekommen, als sie eines Tages erfuhr, der Abgeordnete Poncet-Delpech aus Montauban sei in Versailles eingetroffen. Sofort ließ sie ihm einen Brief überbringen. *Sie wissen, Monsieur*, schrieb sie ihm am 21. Mai 1789, *daß Politik und Philosophie zu den Dingen gehören, mit denen Frauen sich nicht beschäftigen sollten. Ich habe mich bemüht, in beiden erfolgreich zu sein. Der Patriotismus hat mich unerschrocken gemacht. Verteidigen Sie nicht nur mein Geschlecht, sondern werden Sie auch zur Stütze Ihrer Provinz. Beweisen Sie, daß die kleine Stadt Montauban große Männer hervorgebracht hat und auch einige Frauen, die Achtung verdienen.*[5]
Nach drei langen Wochen des Wartens in Versailles platzte Olympe fast vor Ungeduld und Tatendrang. Schon am folgenden Tag schrieb sie erneut an Poncet-Delpech und an einen anderen Landsmann namens Faydel, um die Herren in ihr Domizil einzuladen und ihnen persönlich ihre Schrift *Aufschrei eines Weisen* zu überreichen. Überzeugt davon, daß ihre Broschüre nicht nur diese beiden Abgeordneten, sondern die gesamte Ständeversammlung beeindrucken wird, malt sie in ihrem Brief bereits die Reaktionen aus: *Der Dritte Stand wird ›bravo!‹ rufen, ›ah, welch eine tüchtige Frau!‹. Der Adel wird ein wenig schmollen, der Klerus wird sich bekreuzigen und ganz leise fluchen; aber schließlich wird er die Schrift mit Weihwasser besprengen, und alles wird gutgehen. Amen.*
Sie sollte sich täuschen. In der Stunde Null der Revolution interessierten ihre »weisen« Betrachtungen über den entschwundenen Zauber ihres Geschlechts oder das allgemeine Wesen des Menschen (*Seit geraumer Zeit beobachte ich die*

Menschen und bin zu der Einsicht gelangt, daß sie in der Mehrzahl ein sieches Herz, eine gemeine Seele, einen unruhigen Geist und ein bösartiges Wesen besitzen) niemanden. Den persönlich-pathetischen Ton, mit dem sie die Angelegenheiten der Nation abhandelte und der für Olympe de Gouges' politische Schriften so typisch werden sollte, empfanden die Abgeordneten als unangebracht.

Ich wußte mir nicht mehr zu helfen, begründete sie ihre Intervention, *meine Befürchtungen, die Nation treibe dem Untergang entgegen und reiße mein Vaterland mit sich hinweg, hat mich außer mir geraten lassen; ich schreie auf, ich breche los, in meinem Eifer sogar alle Voreingenommenheit überwindend.*[6]

Noch glaubt sie, die sexistischen Barrieren durch ihr »Genie« bezwingen zu können: *Man mag zwar die Frauen von allen nationalen Versammlungen ausschließen, doch mein wohltätiges Genie trägt mich in die Mitte dieser Versammlung.*[7] Inhaltlich aber bleibt Olympes patriotischer »Aufschrei« äußerst vage. Konkrete politische Aussagen fehlen, allenfalls plädiert sie für eine *geeinte Versammlungsrunde* und zum Schluß für ein *Einlenken* aller Stände:

Eine der beiden Parteien muß nachgeben [...] *Wird der Dritte Stand seine Ansprüche zurückstellen müssen? Wird der Adel sich von seinen Vorteilen trennen müssen, die ihm von alters her rechtens zustehen; sind aber nicht genau diese Rechte Garanten für Glanz und Fortbestand der französischen Monarchie?* [...] *Wer nachgibt, sei dies nun der Adel oder der Dritte Stand, dem wird als der Partei der Patrioten Frankreich sein Wohl zu verdanken haben.*[8]

Als machte es keinen Unterschied, wer nachgäbe! Setzte sich der Adel durch, hieße das: Aufrechterhaltung der alten Ordnung. Gewänne der Dritte Stand die Oberhand, bedeutete es: das Ende der Privilegien und der Beginn einer neuen Ära...

Daß eine Frau es wagte, den Generalständen Frankreichs ihre persönlichen Ansichten mitzuteilen, ohne die Instanzen und üblichen Gepflogenheiten zu beachten, war sicherlich vielen Deputierten ein Dorn im Auge. Entsprechend zurückhaltend

bis ablehnend fiel die Resonanz aus – eine herbe Enttäuschung für die Verfasserin.
Deshalb beschloß Olympe de Gouges, eine zweite Schrift zu verfassen und sie diesmal überall in Versailles und Paris plakatieren zu lassen. Solche Wandanschläge waren übrigens seit den Wintermonaten 1788 weit verbreitet. Ihrer neuen Broschüre gab sie einen programmatischen Titel: *Um das Vaterland zu retten, müssen die drei Stände erhalten bleiben; dies ist das einzige Mittel zur Einigung, das uns bleibt.* Die Dramatikerin schlug darin vor, man solle die umkämpfte Abstimmungsfrage – nach Ständen oder Abgeordneten – durch das Los entscheiden lassen.[9] Ein naives Ansinnen, das nur Kopfschütteln hervorrufen konnte.
Manche ihrer Kritiker legten es nun darauf an, die hohe Moral der selbsternannten Patriotin de Gouges dadurch herabzusetzen, daß sie auf deren »galante« Vergangenheit anspielten. Olympe reagierte sofort mit der Replik *Eilige Mitteilung oder Antwort an meine Verleumder*, die sie Ende Mai in Umlauf brachte – ihre erste Rechtfertigungsschrift, der noch viele folgen sollten. Erbittert erklärte sie, man wolle nur erreichen, daß sie *der Literatur völlig entsage* und sich darauf beschränke, wie ein junges Mädchen zu gefallen. Wieder berief sie sich auf ihr *natürliches Genie* und zählte ihre bisherigen patriotischen Verdienste auf. Die »gens de lettres« dagegen hätten mit ihren *aufrührerischen Schriften die Öffentlichkeit in die Irre geführt.* Sie empfahl den Generalständen allen Ernstes, eine Weile zu pausieren: die Deputierten sollten *ihre Ämter für einen Monat oder sechs Wochen niederlegen*, damit *die überspannten Köpfe sich beruhigten.*
Sie selbst allerdings kannte keine Ruhe mehr. Seit der Versailler Versammlung brannte *dieses patriotische Feuer* in ihr, das *ihren Schlaf und ihre Gesundheit ruinierte.*[10] Ein »Privatleben« scheint für Olympe de Gouges ohnehin kaum existiert zu haben. Leider geben zeitgenössische Zeugnisse keine Auskunft darüber, ob sie in Versailles auf großem Fuße lebte und zu Empfängen in ihren Salon lud oder ob sie für ihre publizistische Arbeit die Zurückgezogenheit bevorzugte. Es ist auch

nicht bekannt, ob sie in diesen Monaten ihre Pariser Freunde besuchte oder sich häufiger mit Louis Sébastien Mercier traf. Im übrigen schwieg sie über ihre privaten Beziehungen ebenso beharrlich wie über familiäre Bindungen, zum Beispiel zu ihren Geschwistern oder zu ihrem Sohn Pierre.

Bis in den Juni hinein dauerte die Machtprobe zwischen den Ständen. Der Adel beharrte auf getrennter Abstimmung. Die Geistlichen schwankten. Doch die Bürgerlichen blieben fest. Dann, am 13. Juni, liefen die ersten drei Priester zum Dritten Stand über. Sechs weitere folgten ihnen am vierzehnten, zehn am sechzehnten. Am 17. Juni kam die große Stunde des Abbé Sieyès: Er forderte die Mitglieder des Dritten Standes auf, sich zur Nationalversammlung zu erklären. Und in dem Augenblick, als ihm die Mehrheit zustimmte und die »Assemblée Nationale« sich das Recht der Steuerbewilligung zuerkannte, hatte die Revolution begonnen.

Olympe vergaß die Zwistigkeiten und verfolgte aufgeregt die sich überstürzenden Ereignisse: Am 19. Juni entschied eine knappe Mehrheit des Klerus, sich der Nationalversammlung anzuschließen. Im Adel war dazu nur eine Minderheit von achtzig Abgeordneten bereit. Am Tag darauf fanden die Bürgerlichen den Ständesaal verschlossen. Warten im Regen; dann zog man zum Ballhaus, wo es nicht einmal Stühle gab. Befand sich Olympe de Gouges unter all dem Publikum, das sich auf den Galerien drängte? Sah sie, wie der Präsident der Versammlung, der Astronom Jean Sylvain Bailly, auf einen Tisch stieg, um sich Gehör zu verschaffen? Sicherlich war auch sie sofort zum Ort des Geschehens geeilt und applaudierte begeistert, als die Abgeordneten schworen, »niemals auseinanderzugehen und sich überall zu versammeln, wo es die Umstände verlangen sollten, bis die Verfassung geschaffen und auf dauerhaften Fundamenten verankert ist«.

Drei Tage später die »königliche Sitzung«. Ludwig XVI. ignorierte die Beschlüsse der Nationalversammlung und befahl den Ständen, auseinanderzugehen und getrennt zu tagen. Seine Gardebataillone standen bereit. Doch die Bürgerlichen rührten sich nicht vom Fleck. »Die versammelte Nation hat keine Befehle entgegenzunehmen!« rief Bailly. Und der Graf von Mirabeau, einer ihrer machtvollsten Sprecher, erklärte: »Wir werden uns von unseren Plätzen nur durch die Gewalt der Bajonette vertreiben lassen.«

Dazu kam es nicht mehr. Ludwig, wie gelähmt, zog seine Garde zurück; vier Tage später, am 27. Juni, forderte er die Majorität des Adels und die Minorität des Klerus auf, sich gleichfalls mit der Nationalversammlung zu vereinen.

Olympe de Gouges ließ sofort den vierseitigen Text *Meine Wünsche haben sich erfüllt* anschlagen. Darin brüstete sie sich, mit ihrer schon vor einem Monat erschienenen Broschüre *Um das Vaterland zu retten, müssen die drei Stände erhalten bleiben* zu deren Vereinigung beigetragen zu haben. Das entsprach natürlich nicht den Tatsachen und schadete erneut ihrem Ansehen. Außerdem hatte sie gerade in jener Schrift vorgeschlagen, das Los entscheiden zu lassen!

Nachdem sich am 9. Juli 1789 die Verfassunggebende Nationalversammlung – die »Assemblée Nationale Constituante«, kurz »Konstituante« genannt – gebildet hatte, wandte sich Olympe mit einem Brief direkt an den König. Sie forderte den *guten Vater* der Nation auf, dafür zu sorgen, daß die Konstituante so schnell wie möglich eine Verfassung schaffe. *Wer außer Ihnen, Sire, könnte sich besser dieser Verhandlungen annehmen. Das erwarten alle Ihre guten Untertanen von Ihrer zärtlichen Liebe, und zwar im Namen dieser väterlichen Liebe, die Sie dem Volk für immer geschworen haben.*[11]

Ludwig XVI. versuchte, noch einmal das Ruder herumzuwerfen. Er entließ Necker und dessen reformgesinnte Kollegen, ernannte reaktionäre Minister, zog neue Truppen nach Versailles. Paris wurde zum Hexenkessel. Im Hof des Palais Royal, das dem Herzog von Orléans gehörte, stieg der junge Camille Desmoulins auf einen Stuhl und rief: »Die Entlassung Neckers ist die Sturmglocke zu einer Bartholomäusnacht der Patrioten! [...] Nur ein Ausweg bleibt uns: zu den Waffen zu greifen!«

Zwei Tage später stürmte bewaffnetes Volk die Bastille, diesen finsteren Kerker des Ancien Régime – mit seinen dreißig Meter hohen Mauern ein Symbol der Unterdrückung. Man schrieb den 14. Juli 1789.

Als im Morgengrauen des folgenden Tages der Herzog La Rochefoucauld-Liancourt dem König die schlechte Nachricht vom Fall der Bastille überbrachte, bemerkte dieser: »So ist es eine Revolte.« Darauf der Herzog: »Nein, Sire, es ist eine Revolution.«

Olympe de Gouges erfuhr in Versailles von den Pariser Unruhen und dem blutigen Volksaufstand. Daraufhin verfaßte sie einen zweiten Text für Ludwig XVI., betitelt *Königliche Sitzung*, in dem sie dem *gütigen* und *tugendreichen König* diesmal riet, abzudanken und den Thron einem Regenten zu überlassen. *Wagt den heroischen Schritt*, schreibt sie, *und kommt ihnen zuvor* [...]*, und Ihr werdet erleben, Sire, wie die Nation die absolute Herrschaft, welche allein die Ordnung wiederherzustellen vermag, zurück in Eure Hände legt.*[12]

An einem heißen Sommertag trat sie in ihrem elegantesten Seidenkleid und mit großem Hut hinaus auf den Boulevard du Roi. Sie trug ein Exemplar der *Königlichen Sitzung* bei sich und schritt hochgestimmt durch die streng beschnittenen Gartenanlagen bis zum Schloß. Am Portal angekommen, verlangte sie von der Wache, in die Gemächer des Königs eingelassen zu werden. Sie wolle Seiner Majestät persönlich einen äußerst wichtigen Text überreichen, erklärte sie den verblüfften Gardeoffizieren. Doch die Wächter, bar jeder Einsicht, ließen sie nicht vor.

Vergeblich, berichtete Olympe de Gouges später erbittert, *wurden dreitausend Exemplare in Versailles verteilt; zweifellos ist kein einziges in das Zimmer des Monarchen gelangt.* Statt dessen habe sie nur Empörung und Gezeter geerntet, und zwar von allen Seiten.[13]

Tatsächlich jedoch kam Olympes eigentümlicher Abdankungsvorschlag den Absichten des Herzogs von Orléans sehr entgegen, über den Gerüchte kursierten, daß er selbst den Thron übernehmen wolle. Louis Philippe d'Orléans, der Königscousin, hatte sich am 25. Juni – an der Spitze von 47 Abgeordneten des Adels – der Nationalversammlung angeschlossen und war im Volk so populär, daß man ihm bald den Namen »Philippe Egalité« geben wird. Auch Olympe de Gouges verehrte bekanntlich den Herzog, dem sie bereits Anfang 1788 die ersten beiden Bände ihrer Werke gewidmet hatte. Nur wenige Tage vor Erscheinen ihrer *Königlichen Sitzung* hatte Olympe zudem einen anonymen *Brief an Monseigneur den Herzog von Orléans* in Umlauf gebracht, in dem sie Philippe beschwor, die Geschicke der Nation in seine Hände zu nehmen und *gemäß den Weisungen eines guten Königs die Ordnung endlich wiederherzustellen*[14].

Es hat den Anschein, als wäre Olympe in die verschwörerischen Pläne der Orléanisten einbezogen gewesen – zumindest »am Rande«, wie sie später indirekt zugeben sollte. Jedenfalls wurde ihre Schrift binnen weniger Tage beschlagnahmt. Das jagte ihr einen solchen Schrecken ein, daß sie sofort versuchte, sich durch eine weitere Schrift recht drastisch von dem Herzog von Orléans abzugrenzen. Daraufhin verlor ihr Sohn Pierre, der inzwischen als Ingenieur beim Herzog in Diensten stand, seine Stellung – eine Strafmaßnahme, die Olympe so übelnahm, daß sie Philippe von nun an mit unverhohlener Ablehnung begegnen wird.

Nach dem Fall der Bastille fügte sich der eingeschüchterte König Ludwig XVI. bedingungslos den Forderungen der Nationalversammlung. Am 16. Juli willigte er in die Rückberufung Neckers ein. Es konnte den Lauf der Ereignisse nicht mehr aufhalten. Auch die Bauern revoltierten nun, und die »Große Furcht« (La Grande Peur) breitete sich aus. Diese mündete schließlich in der »Bartholomäusnacht der Privilegien« – jener Nachtsitzung der Nationalversammlung vom 4. auf den 5. August 1789, in der die feudalen Privilegien des Adels und der Geistlichkeit in einem Sturm kollektiven Selbstverzichts weggefegt wurden. Am 11. August beschloß die Nationalversammlung die Abschaffung des Feudalwesens. Das war das Ende des Ancien Régime.

Wenige Tage später, am 26. August 1789, verabschiedete die Konstituante die »Erklärung der Menschen- und Bürger-

rechte«, die dem Ancien Régime, so der Historiker Walter Markov, »gewissermaßen den Totenschein« ausstellte...
Währenddessen produzierte Olympe de Gouges mit ungebrochenem Enthusiasmus weiterhin eine Streitschrift nach der anderen. Sie kommentierte Tagesereignisse, äußerte sich über führende Männer der Nationalversammlung und wurde nicht müde, sich ihres *glühenden Patriotismus* zu rühmen. Diese überschäumende Vaterlandsliebe, die von der Französischen Revolution enorm befördert wurde, teilte Olympe mit Hunderten anderer Verfasser, deren Flugschriften vor allem Paris überschwemmten. Nun, da es keine Stände, sondern nur noch Franzosen gab und die Zensur durch die Menschenrechtserklärung aufgehoben war, schien das politische Fieber jedermann erfaßt zu haben. Sprunghaft wuchs die Produktion von Zeitungen, Wochen- und Monatsblättern. Die Revolution gebar den Journalismus.
Nur vor diesem Hintergrund begreift man Olympes zügellose Tätigkeit als Pamphletistin: diese alle anderen Interessen verdrängende Lust, öffentlich zu wirken und mit »vaterländischen« Ideen in Erscheinung zu treten. Die Lust, in einer Zeit des Aufbruchs den Weg der Veränderungen mitzubestimmen. Zweifellos auch die Lust, die eigenen Fähigkeiten zu entfalten und *etwas zu sein,* wie sie kurz vor ihrem Tod eingestehen wird...
Diese Lust aber war in einem Frauenleben nicht vorgesehen. Olympe de Gouges lernte es in der harten Schule der Erfahrung: durch ihre Mißerfolge und Enttäuschungen.
Im September 1789 wandte sie sich zum ersten Mal mit einer Flugschrift an ihre Geschlechtsgenossinnen – in der Hoffnung, so schrieb sie, von ihnen freundlicher aufgenommen zu werden. In dem kurzen Pamphlet mit dem Titel *Heroische Tat einer Französin oder Wie Frankreich von den Frauen gerettet wird* beklagte sich Olympe darüber, daß sie *nichts als Beschimpfungen und heuchlerische Lobhudeleien geerntet* und daß ihre *Schreibwut* so viel *Bitternis* in ihr Leben gebracht habe. Sie ließ keinen Zweifel daran, wen sie dafür verantwortlich machte: *Ihr eitlen und lächerlichen Männer, die ihr auch im*

Reiche der Literatur eine despotische Herrschaft ausübt, ihr werdet immer etwas an meinem Stil auszusetzen finden, vielleicht sogar meine guten Sitten in Zweifel ziehen. Aber das kümmere sie nicht mehr! Denn den *tugendhaften Frauen* bringe sie nun die Frucht ihres Talentes dar. Jenen Bürgerinnen zum Beispiel, die sich *großzügig der eitlen Zeichen des Wohlstandes entäußerten und ihre Geschmeide der Staatskasse übereigneten*[15]. Damit spielte Olympe auf eine Pariser Frauendelegation an, die, angeführt von Madame Moitte, der Gattin eines berühmten Bildhauers, der Nationalversammlung am 7. September ihren Schmuck übergeben hatte. Auch diese Schrift – es war ihre zwölfte – schickte Olympe sofort der Konstituante und fügte für den Präsidenten folgendes Begleitschreiben bei: *Elf gute Bürgerinnen haben die Frucht ihrer Sparsamkeit als Geschenk dargebracht. Ich selbst kann der Nationalversammlung nur die Früchte meiner jüngsten Arbeit anbieten.*[16]

Sehr freundlich reagierte der Graf von Mirabeau, für den es, »solange die Frauen nicht im Spiel sind, keine wirkliche

Im September 1789 überreicht eine Pariser Frauendelegation ihren Schmuck den Abgeordneten der Nationalversammlung, Stich von Laminit.

Revolution gibt«. Am 12. September schrieb er der Autorin: »Ich bin von dem Werk, das Sie, Madame, so freundlich waren, mir zu schicken, sehr berührt; bisher hatte ich geglaubt, daß sich die Grazien nur mit Blumen schmückten; aber eine leichte Auffassung und ein starker Kopf haben Ihre Ideen und Ihren Weg ebenso schnell verändert wie die Revolution, und ebenso gezeichnet mit Erfolgen.«[17]

Um diese Zeit spitzte sich die Lage erneut zu. König Ludwig XVI. zögerte, die Abschaffung der Privilegien und die Erklärung der Menschenrechte anzuerkennen. Hinzu kamen Versorgungsmängel in der Hauptstadt, die das Brot verteuerten und einen neuen Hungerwinter befürchten ließen. Als in Paris bekannt wurde, daß der König einem flandrischen Regiment den Befehl erteilt hatte, nach Versailles zu marschieren, und sich Anfang Oktober Gerüchte von einer Hofintrige Königin Marie Antoinettes gegen die Revolution herumsprachen, schlug wie schon einmal im Juli die Politisierung des Volkes in Aufruhr um. Am 4. Oktober, einem Sonntag, trieb die Empörung über das »Aristokratenkomplott« die Pariser zu Tausenden auf die Straße. Doch dieses Mal blieb es den Frauen vorbehalten, das Heft in die Hand zu nehmen und den Protest in eine revolutionäre Aktion zu verwandeln.

Kein Historiker hat erklären können, wie es kam, daß am Morgen des 5. Oktober 1789 Tausende von Frauen aus dem Markthallenviertel und der Vorstadt Saint-Antoine auf den Rathausplatz strömten, um lauthals Brot zu fordern. Wie es kam, daß sich Markt- und Fischweiber ebenso wie Bürgerinnen und Prostituierte zu einem Zug formierten, um gemeinsam hinaus aus der Stadt nach Versailles zum König zu ziehen: »Damit unser Papa, König der Franzen / nach Paris komme gleich«, sangen sie, »da muß man schnell antanzen / und führen so einen Streich. / Wir holen in ihm unser Glück heran / Hier ist das gute Öl, jetzt die Zwiebel dran!«

Die viertausend Frauen folgten keiner Führerin, nicht einmal den Parolen einer Agitatorin. Gegen Mittag läutete in Paris die Sturmglocke. Aber noch Stunden vergingen, bis der Kommandeur der Nationalgarde, Graf Lafayette, mit seinen zwanzig-

Zug der Marktfrauen nach Versailles, 1789.

tausend Mann aufbrach, um der Kolonne der Frauen hinterherzueilen.

Nachmittags erreichten die Frauen das Schloß von Versailles. Es heißt, daß es der schönen, aus Lüttich stammenden »Amazone« Théroigne de Méricourt gelang, das flandrische Regiment zum Stillhalten zu bewegen. Währenddessen tagte pausenlos die Nationalversammlung, lärmend unterbrochen von einer Brot fordernden Frauenabordnung. Und noch bevor die Nationalgarde gegen Mitternacht in Versailles eintraf, beugte sich der hastig von der Jagd zurückgekehrte König dem Druck der Frauen: Zuerst versprach er ihnen Brot und eine bessere Versorgung von Paris mit Lebensmitteln; dann, als die Belagerinnen nicht wichen, unterzeichnete er um zehn Uhr abends die Deklaration der Menschenrechte.

Als Olympe de Gouges von der spontanen Frauenaktion erfuhr, erschrak sie. Wehe, wenn das Volk begann, außer Rand und Band zu geraten! Beunruhigt hielt sie sich dem Geschehen fern. Das Unglück wollte es, daß an diesem selben 5. Oktober fremde Männer in ihre Versailler Wohnung eindrangen. Sie hätten wüste Beschimpfungen ausgestoßen und sie bedroht, schrieb sie später dem Herzog von Orléans, dessen »Partei«

oder die des Hofes sie hinter dem Überfall vermutete. Da sie sich jedoch glücklicherweise gerade in Gesellschaft befunden habe, seien die Unbekannten rasch wieder verschwunden, ohne ihr ein Haar zu krümmen.

Die Nacht zum 6. Oktober verbrachten die Pariser Frauen und die Männer der Nationalgarde frierend und hungrig in den weiten Höfen des Schlosses. Es regnete. In der Morgendämmerung stürmte ein Trupp unter den Schüssen der Leibwache bis in die Gemächer der Königin vor. Es gab Tote. Bald darauf erschien der König mit Marie Antoinette und dem Kommandeur Lafayette auf dem Balkon und versprach den Frauen unter tosendem Beifall, daß er sich mit seiner Familie nach Paris begeben werde. Und so kehrten die Frauen im Triumphzug, mit der königlichen Karosse im Gefolge, in die Hauptstadt zurück: »Wir haben den Bäcker, die Bäckerin und den Bäckerjungen!« jubelten sie.

Die dramatischen Ereignisse dieser beiden Tage stießen Olympe de Gouges zutiefst ab. Weit davon entfernt, an der Protestkundgebung der Frauen teilzunehmen und ihre Forderungen zu unterstützen, mißbilligte Olympe deren Gewalt und verurteilte heftig die *Mörder, die die Königin bis in ihr Bett verfolgt hatten*.

Für Jules Michelet, den berühmten französischen Historiker, war es so: »Die Männer waren die Helden des 14. Juli, die Frauen die des 6. Oktober. Die Männer haben die königliche Bastille eingenommen, die Frauen haben das Königtum selbst überwunden, haben es in die Hände von Paris, das heißt der Revolution gebracht.«[18] Bei den Frauen Frankreichs bewirkte diese historische Tat einen enormen Zuwachs an Gleichheitsbewußtsein. Auch wenn ihnen die Männer der Revolution den 6. Oktober wenig danken sollten...

Kurz darauf folgte die Nationalversammlung König Ludwig XVI. nach Paris. Und auch für Olympe de Gouges gab es nun keinen Grund mehr, in Versailles zu bleiben.

7
Ein Pariser Theaterskandal

Die Menschenrechte und das Drama
»Die Sklaverei der Neger«

Kaum war Olympe de Gouges nach Paris zurückgekehrt, nahm die Welt des Theaters wieder ihre volle Aufmerksamkeit in Anspruch. Sie empörte sich darüber, daß ihr Sklavendrama *Zamore und Mirza oder Der glückliche Schiffbruch*, im Jahre 1785 von der Comédie Française gelesen und angenommen, noch immer nicht einstudiert wurde. Dabei war das Thema ihres Theaterstückes aktueller denn je. Denn die Revolution hatte, trotz der Deklaration der Menschenrechte, die Sklaverei keineswegs abgeschafft. Vergeblich hatte sich Brissots »Gesellschaft der Freunde der Schwarzen« seit 1788 für die Befreiung der Farbigen in den Kolonien stark gemacht und den »auf Raub, Mord und Erpressung« gegründeten Sklavenhandel als »ebenso verderblich wie entehrend für die französische Nation« gebrandmarkt.[1]

Doch die Opposition der reichen Kolonialherren war stärker gewesen. Diese hatten sich inzwischen ebenfalls in verschiedenen »Clubs« zusammengeschlossen, um ihren Kolonialbesitz mit Zähnen und Klauen gegen die Revolution zu verteidigen. Und tatsächlich gelang es den einflußreichen Sklavenhaltern, ihr Recht auf »Eigentum«, das Artikel 2 der Menschenrechte garantierte, erfolgreich gegen Artikel 1, »Frei und gleich an Rechten werden die Menschen geboren und bleiben es«, auszuspielen. Die Nationalversammlung, zerrissen zwischen ihren Prinzipien, opferte lieber die Freiheit und Gleichheit der Schwächsten, der Sklaven...

So kam es, daß Olympe de Gouges' vorrevolutionäres Debütdrama *Zamore und Mirza* die Revolution in puncto Menschenrechte überholte. Die Autorin, von der Brisanz ihres Stückes überzeugt, setzte die Comédie Française unter Druck. Sie hatte dem Theater bereits einen Prozeß angedroht, falls es sich weigern würde, endlich ihr Stück zu spielen. Und fast zwei Jahre nach jenem Tag, an dem die damalige Hauptdarstellerin, Mademoiselle Olivier, plötzlich gestorben war, begannen die Schauspieler erneut mit den Proben.

Die veränderten politischen Verhältnisse waren nicht ohne Wirkung auf das Theater geblieben. Seit die Zensur aufgehoben war, gelang es den hof-hörigen Schauspielern der Comédie Française nicht mehr ohne weiteres, mißliebige Stücke oder Stücke mißliebiger Autoren in der Versenkung verschwinden zu lassen. Und nicht mehr allein der König und seine Hofkavaliere konnten nach ihrem Gusto über Aufführungen entscheiden, sondern jetzt bestimmten ebenso die Nationalversammlung und die Gemeinde von Paris. Da konnten neue Konflikte nicht ausbleiben.

In diesem Pariser Herbst 1789, als sich die Gemüter nach dem »Umzug« des Königs in die Hauptstadt ein wenig beruhigten, wurde die Bühne zum bevorzugten Schauplatz politischer Kontroversen. Besonders umstritten war ein Stück des berühmten Dramatikers Marie-Joseph Chénier: die Tragödie »Charles IX.«, in der das Königtum heftig angegriffen wurde. Deshalb hatten sich die Schauspieler der Comédie monatelang geweigert, das Stück zu spielen, bis es schließlich im Oktober vor einem begeisterten Publikum uraufgeführt wurde. Nach der Premiere schrieb Brissot, der Fürsprecher der Sklavenbefreiung und seit Mai Herausgeber des vielgelesenen Blattes »Le Patriote Français«: »Wenn das Theater frei wäre, könnten die Schauspieler der Comédie Française nicht so vermessen sein. Ihr Haus wäre alsbald zugunsten patriotischer Theater, die dann entstehen könnten, verlassen.«

Olympe de Gouges selbst hatte bereits vor einem halben Jahr die Idee gehabt, ein neues Theater zu gründen, als Konsequenz aus ihrem jahrelangen Streit mit der Comédie. Im letzten Kapitel ihres philosophischen Traktats *Das ursprüngliche Glück des Menschen* hatte sie vorgeschlagen, ein zweites »Théâtre Français« zu schaffen – und zwar ein *Theater der Frauen*! Es sollte »Théâtre National« genannt werden und nur Stücke von Frauen spielen. Olympe war sich allerdings des

Problems bewußt, daß es vielleicht (noch) nicht genug Theaterstücke von weiblichen Autoren geben könnte. In diesem Fall, gestand sie zu, dürfte auf *moralische* Stücke von *achtbaren* männlichen Dramatikern zurückgegriffen werden.
Von einer solchen Theaterutopie war man natürlich auch nach Beginn der Revolution noch weit entfernt. Doch Olympe, die seit ihrem Abschied von Versailles einstweilen bei ihrer Schwester in der Rue des Fossoyeurs untergekommen war, hatte gerade neuen Mut gefaßt. Die Comédie probte ihr Stück! Wie berauscht erzählte sie es jedem, der ihr über den Weg lief. Sie beschloß, ihr romantisches Melodrama von *Zamore und Mirza* ein wenig zu politisieren, indem sie den traditionellen Titel in *Die Sklaverei der Neger*[2] änderte und einige Stellen deutlicher faßte. Nachdem der Pariser Bürgermeister Bailly die Aufführung des Stückes genehmigt hatte, wurde schließlich das Datum der Premiere festgelegt: auf den 28. Dezember 1789.
Ein paar Tage vorher, am 19. Dezember, veröffentlichte Olympe de Gouges in der »Chronique de Paris« einen Artikel, mit dem sie ihr Stück ankündigte: *Es ist nun das neunte Jahr*, begann sie, *daß ich versuche, in einem Drama all die Härte der Sklaverei der Schwarzen zu veranschaulichen.* Tatsächlich war es das fünfte Jahr! *Bisher stand es noch keineswegs zur Debatte, ihr Schicksal zu erleichtern und ihre Freiheit vorzubereiten. Nun erhob ich meine Stimme zugunsten dieser so unglücklichen und so verleumdeten Menschen* [...] *Aber ich bin noch immer diesen Verteidigern und Verfechtern des amerikanischen Despotismus ausgesetzt* [...]. *Es ist bekannt, daß sie gerade eine blutige Schmähschrift gegen die Gesellschaft der Freunde der Schwarzen veröffentlicht haben* [...].[3]
Prompt reagierten die Kolonialisten. Am 25. Dezember brachten sie in Paris eine anonyme Streitschrift mit dem Titel »Brief an Madame de Gouges« in Umlauf, in der es vor Grobheiten und Drohungen nur so wimmelt: »Ich glaube, Ihnen im Namen aller Colons sagen zu müssen, daß es ihnen schon seit langer Zeit in den Händen juckt, sich jeder einen ›Freund der Schwarzen‹ zu greifen [...] Wir schlagen also den Herren ›Freunden

der Schwarzen‹ vor, und zwar durch Sie, Madame, die Sie sich so ehrenhaft vor sie stellen, sich auf der Ebene von Grenelle oder der von Sablons einzufinden [...] und gegen uns bis zum Tode zu kämpfen. Ich schließe, Madame, in der Beobachtung, daß es wohl außergewöhnlich ist, daß die Herren der ›Freunde der Schwarzen‹ sich einer Frau bedient haben, um die Colons zu provozieren.«
Olympe ihrerseits läßt sich jedoch nicht provozieren und wird erst im Januar 1790 in ihrer *Antwort an einen Amerikakämpfer* die entmündigende Vorstellung zurückweisen, eine Frau könnte nur fremdbestimmtes »Werkzeug« sein; außerdem, so wird sie ausdrücklich betonen, habe sie *kaum vorgehabt, eine Fackel der Zwietracht zu entzünden, ein Signal des Aufstandes zu geben; ich habe im Gegenteil diesen Effekt abgemildert.*[4]
Mit ganz ähnlichen Worten versucht Olympe schon am Tag vor der Premiere, ihre Gegner zu beschwichtigen. Ihr Stück, so ist am 27. Dezember in mehreren Blättern zu lesen, predige keinen Aufstand, rufe nicht zur Revolte auf und enthalte keine aufrührerischen, gegen Frankreichs Kolonien gerichteten Prinzipien.
Doch Argumente zählen nicht mehr. Zu welchen Mitteln die Kolonialisten greifen, erfährt Olympe am nächsten Morgen, als ihr ein Nachbar das reaktionäre Blatt »Les Actes des Apôtres« (Die Apostelgeschichte) grinsend zusteckt. »Es heißt, daß man am Théâtre de La Nation ›Neger‹ spielen wird und daß ein Frauenzimmer, das Paris noch nie verlassen und einige schlechte Romane gelesen hat, uns eine Rhapsodie auf den Kongo singen wird«, liest sie schaudernd. Und weiter: »Ich geh' nie ins Theater, aber zum Henker! diesmal werde ich die Aufführung nicht versäumen, um beim Auspfeifen dabeizusein.«[5] Natürlich weiß sie sofort, was das bedeutet: daß die Kolonialisten bezahlte Randalierer ins Parterre schicken werden, um die Aufführung zu Fall zu bringen...
Der 28. Dezember ist ein Montag, und es regnet in Strömen. Schon am Nachmittag drängen sich vor der Comédie, die inzwischen in »Théâtre de la Nation« umbenannt wurde, Hunderte von Menschen. Viele sind durchnäßt, schlecht gekleidet.

Agitatoren streifen durch die wartende Menge. Betrunkene grölen und lachen, als ginge es in die Spielsäle des Palais Royal. Die Anspannung wächst. Gegen Abend fahren die Droschken vor, auch die Logen füllen sich nun bis auf den letzten Platz. Und noch bevor der Vorhang sich hebt, ist der Saal in Aufruhr.

Kaum hat der erste Akt begonnen, erhebt sich jemand im Parkett, um lautstark zu verkünden, daß der Autor eine Frau sei. Pfiffe und Gelächter. Von nun an stört das Geschrei der Zuschauer die Aufführung fast ununterbrochen. Gegner und Fürsprecher der Sklaverei halten Ansprachen vorm Publikum, man schreit und lacht und pfeift. Und Olympe sitzt bleich und unerkannt in ihrer Loge und schaut auf dieses Spektakel herunter; sie sieht, daß die Schauspieler so miserabel wie möglich spielen, offensichtlich auf Befehl; sie schaut auf die schwarzgeschminkten Figuren dieses Stückes, von dessen Aufführung sie so lange geträumt hat, und Verzweiflung befällt sie.

Am nächsten Tag berichteten die Zeitungen ausführlich über den Theaterskandal. Das Echo war weitgehend negativ. Der Rezensent der »Chronique de Paris« schrieb, das Stück sei »weder gefährlich noch nützlich«, und hielt der Autorin vor, daß man eben »einen Bart am Kinn braucht, um ein gutes dramatisches Werk zu schreiben«.[6]

Der respektable »Moniteur« charakterisierte das Stück als »eine der abenteuerlichsten Produktionen, die man je auf die Bühne gebracht hat« und schilderte ausführlich das opernhafte Ende: »Schließlich kommt die Frau eines der Franzosen, den der Neger gerettet hat, im Augenblick der schicksalhaften Vollstreckung selbst, um Gnade für ihren Wohltäter zu erbitten. Der Gouverneur erkennt in ihr eine Tochter aus einer heimlichen Ehe, die er in Frankreich gehabt hatte, und deren Schicksal ihm unbekannt geblieben war. Die Tränen dieser einnehmenden Person, die der Gattin des Gouverneurs, die Bitten der anderen Sklaven, alle vereinen sich für Zamore, dem vergeben wird, und der Gatte von Mirza wird.«[7]

Der Dramatikerin wurde vor allem vorgeworfen, einen Mör-

der zum Helden ihres Stückes gemacht zu haben. Wenn man ihm der Umstände wegen das Leben lasse, schrieb der »Mercure de France«, sei das nicht Gerechtigkeit, sondern Gnade. Aufbau und Stil ihres Dramas wurden ebenfalls heftig kritisiert. Nur ein einziges Journal, der »Modérateur«, hielt Madame de Gouges zugute, schon vor Jahren zugunsten der Neger geschrieben zu haben, was inzwischen »alle aufgeklärten Geister vertreten«.
Olympe nimmt die Kritik ernst. Sie bittet die Schauspieler um eine Verschiebung der zweiten Aufführung, damit sie einige Passagen ihres Werkes umarbeiten kann. Die Bitte wird abgeschlagen. Am Silvesterabend spielt die *Sklaverei der Neger* nur noch vor 227 Zuschauern, am 2. Januar 1790, bei der dritten Aufführung, sind es noch weniger. Es sollte die letzte sein.
Die Schauspieler hatten das Recht, ein Stück aus dem Repertoire zu nehmen, wenn es bei den ersten drei Vorstellungen nicht ein bestimmtes Minimum an Einnahmen erbracht hatte. Dann erhielt der Autor sein Stück aber keineswegs zurück, sondern es wurde Eigentum des Theaters – das heißt, es verschwand auf Nimmerwiedersehen.
In dieser von jedem Dramatiker gefürchteten Situation bat Olympe den Pariser Bürgermeister Bailly, der sich in den Versailler Ballhaustagen so mutig hervorgetan hatte, um Beistand in ihrer Angelegenheit. Doch Bailly erklärte ungerührt, ihr »aufrührerisches Stück könnte einen Aufstand in den Kolonien provozieren«. Kleinmut, wohin sie auch schaute.
Schließlich erfuhr Olympe von Baillys Statthalter, dem Schriftsteller Brousse des Faucherets, daß die Kolonialisten gedroht hatten, ihre vierzig ständigen Logen in der Comédie zu kündigen, falls das »Neger«-Stück weiterhin aufgeführt würde. Und die Schauspieler spurten, da sie nicht wegen Madame de Gouges ihr »Brot verlieren« wollten.
Tief entmutigt von ihrem Mißerfolg als Dramatikerin und der gleichgültigen Aufnahme ihrer patriotischen Schriften, beabsichtigt Olympe de Gouges zum zweiten Mal in ihrem Leben, Frankreich zu verlassen. Im April 1790 verfaßt sie ihre ver-

meintlich letzte Flugschrift an das französische Volk; und da gerade der von ihr bewunderte Necker in seinem Amt mit großen Problemen kämpft, vergleicht sie sich ausführlichst mit dem Finanzminister und nennt ihre Schrift ebenso doppeldeutig wie anspruchsvoll *Abreise von Monsieur Necker und Madame de Gouges, oder die Verabschiedung Madame de Gouges' von den Franzosen und von Monsieur Necker.*
Der Abschied ist 41 Seiten lang und kostet 12 Sous. Noch einmal breitet sie ihre Meinungen aus, erklärt, daß sie die Kolonialherren lediglich ermahnt habe, *ihre Sklaven milder und mit mehr Großzügigkeit zu behandeln.* Doch niemand wolle auf sie hören, auch nicht der König, sonst *wäre er nicht in seiner augenblicklichen miserablen Lage.* So sieht sie nur noch einen Ausweg: *Ich gehe zu den Engländern, um zu prüfen, ob sich die Kolonialistenpartei, die Zuckerhändler, dort auch der Aufführung meines Dramas über die Sklaverei der Schwarzen entgegenstellen wird; ob die freien Männer auf die privaten und wirtschaftlichen Interessen einer ungerechten, unterdrückerischen und inhumanen Partei Rücksicht nehmen. Dieses Stück, übersetzt und einstudiert in London, wird dort vielleicht besser aufgenommen als in Frankreich.*[8]
Doch Olympe de Gouges wird niemals abreisen. Paris, das ist ihr Lebenselixier. Längst hat sie sich mit Haut und Haaren der Revolution verschrieben, und zu ihrem Glück brechen auch im Theater sehr bald neue Zeiten an.

Nachzutragen bleibt folgendes: Im August 1790 schließen sich die Dramatiker – darunter Mercier, Chénier und La Harpe – zusammen, um ein neues Autorenstatut zu fordern. Seltsamerweise fehlt Olympe de Gouges' Unterschrift auf deren Gesuch. Am 13. Januar 1791 erläßt die Nationalversammlung ein Dekret, durch das die Schauspieler der Comédie Française endgültig entmachtet werden und dessen erste drei Artikel lauten:
»I: Jeder Bürger hat das Recht, ein öffentliches Theater zu betreiben und dort Stücke aller Art aufzuführen, wenn er es vor der Niederlassung beim Magistrat anmeldet.

II: Die Werke von Autoren, die seit fünf oder mehr Jahren tot sind, sind öffentliches Eigentum und können ungeachtet aller alten Privilegien, die hiermit abgeschafft sind, von allen Theatern ohne Unterschied aufgeführt werden.
III: Die Werke lebender Autoren können in ganz Frankreich in keinem öffentlichen Theater ohne die förmliche und schriftliche Zustimmung der Autoren aufgeführt werden, und zwar unter Androhung der Konfiskation der Gesamterträge der Aufführungen zugunsten des Autors.«[9]
Länger als die Emanzipation der Dramatiker dauerte die Befreiung der Sklaven. Nach dem Sklavenaufstand in Saint-Domingue Ende August 1791 und der Anerkennung der politischen Rechte aller freien Mulatten und Neger durch die Legislative im April 1792 erklärte der Konvent endlich am 4. Februar 1794 die Abschaffung der Sklaverei. Olympe de Gouges sollte es nicht mehr erleben...

8

Als unerschütterliche Royalistin in der »Manege«

Die Zeit der Konstituante

Seit die Frauen den König nach Paris geholt hatten, war Ludwig XVI. praktisch zum Gefangenen seines Volkes geworden. Im Palais der Tuilerien stand er unter Aufsicht der Nationalgarde, und nebenan in der Reithalle, der sogenannten »Manege«, tagte seit November 1789 die Nationalversammlung. Nach den stürmischen Ereignissen zwischen dem 5. Mai und dem 5. Oktober brach nun eine verhältnismäßig ruhige Zeit an. Die Abgeordneten der Konstituante arbeiteten an der neuen Verfassung und an der Umsetzung der revolutionären Errungenschaften in die gesellschaftliche Wirklichkeit.

Auf der Zuschauertribüne der »Manege« saß nun immer häufiger Olympe de Gouges. Der Saal war so groß, daß die Deputierten schreien mußten, damit ihre Reden auch auf den Tribünen verstanden wurden. Es gab an die sechshundert Zuschauerplätze, doch »das Volk« fehlte noch auf der Galerie: Ein elegantes Publikum, vornehmlich aus höheren Gesellschaftskreisen, folgte den Reden, den Anhörungen von Bürgerabordnungen, und Olympe spendete neben den Damen des liberal gesinnten Adels gedämpft Beifall, Mißfallen, Kritik.

Die meisten unterstützten ihre »Parteien«, ihre Favoriten. Rechts von der Präsidentenbühne saßen die sogenannten »Monarchisten« und »Aristokraten«, auch »Schwarze« genannt, auf der linken Seite die »Patrioten«, mit etwa siebenhundert Personen die Mehrheit der Versammlung. (Die politischen Begriffe »rechts« und »links« sind hier entstanden!) Diese Gruppe war, auch wenn sie nicht in allen Fragen übereinstimmte, am eindeutigsten gegen den Hof. Olympe schätzte deren Führer Mirabeau und die gemäßigten Abgeordneten, besonders Lafayette, den Befehlshaber der Nationalgarde und

»Majordomus des königlichen Palastes«, wie ihn Marat bezeichnete. Doch obwohl sich Olympe oft und gern ihres Patriotismus rühmte, hing sie weder den »Patrioten« noch irgendeiner anderen Gruppe an. Sie verstand sich als unabhängige Beobachterin und sammelte Themen, Gedanken, Ideen für ihre nächsten patriotischen Stücke und Schriften.
Seit dem Umzug der Nationalversammlung nach Paris fanden die wichtigsten Debatten mehr und mehr in den politischen Clubs statt. Den größten Einfluß hatten zweifellos die »Jakobiner«, die im Bibliothekssaal eines ehemaligen Klosters gleichen Namens tagten, nur einen Sprung von der »Manege« entfernt. »Gesellschaft der Verfassungsfreunde« hieß der Jakobinerclub eigentlich, dessen Mitglieder vor allem aus dem gebildeten, wohlhabenden Bürgertum stammten. Die Sitzungen waren nicht öffentlich, doch fortgesetzt wurden Deputationen empfangen, und auch Olympe de Gouges soll bei den Jakobinern erschienen sein.
Wahrscheinlich besuchte sie auch den radikaleren »Cercle Social«, in dem schon früh republikanische Ideen vertreten wurden und weibliche Mitglieder zugelassen waren. Brissot gehörte diesem Club an und der Marquis Jean Antoine de Condorcet, Philosoph und Mathematiker, der im Juli 1790 sein Plädoyer für die »Zulassung der Frauen zum Bürgerrecht« veröffentlichen wird – mehr als ein Jahr vor Olympes Erklärung der Frauenrechte.
Im »Cercle Social«, aus dem sich bald der größere »Bund der Wahrheitsfreunde« entwickelte, muß die Dramatikerin der fünf Jahre älteren Holländerin Etta Lubina Palm, verwitwete Baronin von Aëlders, begegnet sein. Leidenschaftlicher als Condorcet verkündete Etta Palm die Emanzipation der Frauen und schrieb für die Zeitung »Bouche de Fer« (Eisenmund) aufrüttelnde Artikel. 1791 gründete sie einen der ersten Pariser Frauenclubs, die »Gesellschaft der Freundinnen der Wahrheit«, die sich vor allem wohltätigen Projekten für Mädchen widmete und für bessere Erziehungs- und Bildungsmöglichkeiten eintrat. Ob Olympe die Initiativen von Etta Palm unterstützte oder gar Mitglied in ihrer Gesellschaft wurde, ist

nicht bekannt. Sicher ist nur, daß sie im Jahr darauf, beim Fest zum 14. Juli 1792, gemeinsam mit der Holländerin an der Spitze einer Frauengruppe aufmarschierte.

Wiederholt ist behauptet worden, Olympe de Gouges sei die Gründerin verschiedener Frauenclubs gewesen und hätte häufig vor Frauengesellschaften Reden gehalten. Die neuere Forschung hat dafür keinerlei Beweis gefunden, weder in zeitgenössischen Zeugnissen noch in heutigen Archiven. Der Biograph Olivier Blanc entdeckte bei seinen akribischen Recherchen nur einen einzigen vagen Hinweis, wonach Olympe in einem Frauenclub das Wort ergriffen haben soll.

Gelegentlich schickte sie der »Brüderlichen Gesellschaft der Patrioten beiderlei Geschlechts«, die in der Krypta des Jakobinerklosters tagte, ihre Flugschriften. Diese erste und bekannteste unter den sogenannten Volksgesellschaften, die seit Anfang 1790 überall in Frankreich entstanden, war nach dem Urteil des Historikers Michelet ein »erster und rührender Beginn der Frauenvereine«[1]. Weit mehr zogen Olympe die Treffpunkte der führenden Revolutionäre an, die Clubs, Cafés, Salons, wo sie sich oft und gern an den Debatten beteiligte.

Mit politischen Schriften hält sich Olympe de Gouges in diesem Jahr 1790, nach ihrer »Verabschiedung von den Franzosen«, deutlich zurück. Da sie ihren meist schnell hingeworfenen Schriften völlig unkritisch gegenübersteht, ist sie mehr und mehr davon überzeugt, daß ihre *nützlichen Projekte* nur deshalb nicht berücksichtigt werden, weil sie eine Frau ist. Zweifellos hatte es eine Frau besonders schwer, sich in der Öffentlichkeit Gehör zu verschaffen. Erst recht eine Frau wie Olympe, die ihre Unwissenheit und Inkompetenz immer wieder selbst betonte. Aber ihr provozierender Geltungsdrang und ihre Selbsteinschätzung als »Naturgenie«, die zu einer überaus oberflächlichen Arbeitsweise führten, schadeten ihren teilweise interessanten Ideen vielleicht mehr, als es ihr Frausein vermochte.

Seit ihrer Rückkehr aus Versailles konzentriert sie sich ohnehin – trotz des Desasters mit der *Sklaverei der Neger* – auf neue Theaterproduktionen. Und die Zeiten sind günstig, die Vorrechte der Comédie Française beginnen zu bröckeln. So gelingt es ihr, eines ihrer aktuellen Stücke im Théâtre Comique et Lyrique der Rue de Bondy unterzubringen. Es heißt *Die freiwilligen Gelübde oder Die Schule des Fanatismus* und wird am 4. Oktober 1790 unter dem Titel *Das Kloster oder Die erzwungenen Gelübde* aufgeführt.

Das Thema ist en vogue. Ein antiklerikaler Wirbelwind fegt über das Land. Nach der am 2. November 1789 beschlossenen Enteignung der Kirchengüter hat die Nationalversammlung im Februar 1790 auch die Klöster aufgelöst. Olympe, mit ihrem sicheren Gespür für brisante Themen, hat die Problematik aufgegriffen – übrigens, wie so oft in ihren Stücken, mit unverkennbar autobiographischen Elementen: In ihrem Drama versucht ein Marquis, seinen Sohn daran zu hindern, das Mädchen Julie zu heiraten. Er bedient sich eines Großvikars, um Julie zum »letzten Gelübde« zu zwingen. Zwar kommt der Unglücklichen ein philanthropischer Priester zu Hilfe, doch es ist zu spät ...[2] In den höheren Ständen war es vor der Revolution gang und gäbe gewesen, junge Mädchen und Frauen, die aus irgendeinem Grund lästig geworden waren, in Klöstern verschwinden zu lassen.

Die Inszenierung des Stückes fällt in eine Zeit heftiger Auseinandersetzungen über die neue Zivilverfassung des Klerus, besonders über den Treueid, den die Priester seit November 1790 auf Nation, Gesetz und König schwören müssen. Die Aufführung scheint davon profitiert zu haben, denn mit mehr als achtzig Vorstellungen in Paris und in der Provinz wird das »Kloster«-Drama zu Olympe de Gouges' bislang größtem Erfolg.

Diese Anerkennung als Dramatikerin mag sie dazu bewogen haben, um die Jahreswende nach Auteuil zu ziehen, in ein ansehnliches Stadthaus in der heutigen Rue du Buis nahe dem Bois de Boulogne. Die »Gesellschaft von Auteuil« war der damalige Kristallisationspunkt der literarischen und intellektuellen Avantgarde, und Olympe wollte offensichtlich der anregenden Atmosphäre dieser Salons so nahe wie möglich sein.

Seit längerem arbeitete sie an einem Roman, den sie *Der weise Fürst – Orientalisches Märchen* taufte. Die romantische Rahmenhandlung diente ihr dazu, über Staatsformen zu philosophieren. So repräsentiert der weise väterliche Fürst Almoladin Olympes Idealvorstellung einer guten Monarchie. Wesentlich origineller als ihre allgemeinen Ausführungen sind einige feministische Passagen: Ihre Königin Idamée zum Beispiel beansprucht zu regieren und versucht den Fürst davon zu überzeugen, daß die Gleichberechtigung der Frauen vor allem eine Frage der Erziehung ist:

Zum Wohle des Staates und der Öffentlichkeit müßte man diesem Geschlecht mehr Strebsamkeit zugestehen, ihm erlauben, seine Befähigung in allen Bereichen zu zeigen und auszuüben. Die Tüchtigkeit allein sollte über den Zugang zu höheren beziehungsweise niedrigeren Posten entscheiden, und man sollte den jungen Mädchen die gleiche Erziehung geben wie den jungen Männern. [...] *Der Ruhm würde sie zu unerschrockenen Kriegerinnen, redlichen Richtern, klugen und unbestechlichen Ministern machen.*

Fürst Almoladin hält Idamées Gleichheitsideen für gefährlich, weil er befürchtet, die Frauen könnten zu mächtig werden. *Er fühlte sehr wohl, daß die Frauen, gäbe man ihnen nur die Möglichkeit, ihren Reizen auch Mut und profunde, dem Staate nützliche Kenntnisse hinzuzufügen, sich eines Tages der Überlegenheit bemächtigen und nun ihrerseits den Männern den schwachen und furchtsamen Part geben könnten; und so hielt er es für besser, die Dinge in dem Zustand zu lassen, in dem sie waren, statt eine Revolution auszulösen, die in der Folge zum Nachteil der gegenwärtig stärksten Partei umschlagen könnte.*[3]

Olympe de Gouges wird ihren 522 Seiten langen Roman erst 1792, nach ihrer Erklärung der Frauenrechte, veröffentlichen. Trotzdem wird sie behaupten, sie habe nur fünf Tage gebraucht, um ihn zu konzipieren und niederzuschreiben!

Trotz des Erfolges ihres »Kloster«-Dramas scheint sie sich weiterhin nach Anerkennung verzehrt zu haben. Im Vorwort ihres nächsten Theaterstückes klagte sie über *die schwarze Verleum-*

dung, derer man sich bediene, *um alle meine Verdienste zu vergiften.* Sie habe schon überlegt, *sich vollständig aus der Gesellschaft zurückzuziehen, um in der Einsamkeit zu leben.* Mit einem makabren Stück, das sie *Madame de Gouges in der Unterwelt* nannte, wollte sie sich verabschieden: *Ich werde zur Hölle fahren, aber nicht alleine; ich werde die kleinen aristokratischen Mätressen, die Demagogen, die Fanatiker etc. zwingen, mir zu folgen. Es wäre sehr amüsant, würde mich diese Posse mit Ruhm überhäufen; erstaunen würde es mich nicht.*[4]
Da starb, nach kurzer rätselhafter Krankheit, am 2. April 1791 Mirabeau. Der Tod des Tribuns traf sie wie ein Schock. Er war für sie ein väterlicher Mentor gewesen, der einzige Abgeordnete der Nationalversammlung, der schon in Versailles freundlich auf ihre Schriften reagiert und ihr die Anerkennung nicht versagt hatte. »Viele gute Werke verdanken wir einer Ungebildeten«, hatte Mirabeau über sie gesagt. Sofort verfaßte Olympe de Gouges zu Ehren des toten *Vaters der Freiheit*, wie sie ihn nannte, eine pathetische Flugschrift: *Das Grab von Mirabeau.* Abends im »Café Procope« rezitierte sie höchstpersönlich den knappen Gedenktext, in dem sie forderte, daß *die Asche des großen Mannes* [...] *unter dem Altar des Vaterlandes* ruhen solle.[5]
Die Trauer um Mirabeau spornte sie an, in fliegender Eile ein neues Stück in vier Akten zu diktieren: *Mirabeau auf den Champs-Elysées.* Es wurde bereits am 15. April in der Comédie Italienne aufgeführt, allerdings zusammengekürzt zu einem einzigen Akt. Da huldigen ihrem Helden Könige, Philosophen und Kokotten; man sieht Ludwig XII., Heinrich IV. und Ludwig XIV. ebenso aufmarschieren wie Voltaire, Jean-Jacques Rousseau und Montesquieu. Auch dieses Stück enthält viele feministische Ideen. So läßt sie Mirabeau mit Madame de Sévigné und Ninon de L'Enclos diskutieren: *Um in Frankreich eine große und glückliche Revolution durchzuführen*, legt ihm Olympe in den Mund, *brauchte es viele Frauen wie euch.* Und Ninon antwortet, er habe recht; *solange nichts getan werde, um die Seele der Frauen zu erheben*, [...] *könne der Staat nicht gedeihen.*[6]

Olympe de Gouges' Stück »Mirabeau auf den Champs-Elysées« wurde 1791 in der Comédie Italienne uraufgeführt, Stich von J. Masquelier.

Mit diesem politisch eher konservativen Diskurs-Stück konnte Olympe de Gouges den Erfolg ihres »Kloster«-Dramas nicht wiederholen. Lediglich in der Provinz, zum Beispiel beim bürgerlich-liberalen Publikum von Bordeaux, fand *Mirabeau auf den Champs-Elysées* viel Zuspruch.
Nach der revolutionären Wende war der Fundus an Theaterstücken, die von den großen Veränderungen handelten, noch recht dünn. Diese Herausforderung an die Kreativität der Autoren führte nicht nur bei Olympe de Gouges, sondern auch bei vielen anderen Dramatikern dazu, allzu hastig neue Stücke zu produzieren. Sie drehten sich meist um aktuelle Ereignisse und waren zum raschen Gebrauch bestimmt – für ein Theater, das gerade auch Leseunkundigen als Ort der politischen Kommunikation diente. Olympe de Gouges, die sich schon immer

ihrer schnellen Produktionsweise gerühmt hatte, ließ sich zudem kaum Zeit, die ihren Sekretären diktierten Werke noch zu korrigieren oder zu bearbeiten. So entstanden mehr oder weniger belanglose »Agit-Prop«-Stücke, getragen von einem schwülstigen, bilderreichen Stil im Geschmack der Zeit. Sie sind heute nicht mehr lesbar, geschweige denn spielbar – ob nun von Olympe de Gouges oder anderen damals bekannten Autoren.

Auch während der folgenden Revolutionsjahre ließ Olympe nie davon ab, ihre Ideen und Meinungen zum politischen Geschehen außer in Flugschriften auch in der dramatischen Form zu äußern. Von ihren insgesamt über vierzig Theaterstücken wurden jedoch nur wenige aufgeführt. Die meisten Stücke ließ sie auf eigene Kosten drucken oder erwähnte sie in späteren Schriften; einige sind auch verschollen, Titel, Entstehungsdatum und Handlung heute nur noch bruchstückhaft bekannt.

Ein knappes Vierteljahr nach Mirabeaus Tod löste die Nachricht von der Flucht des Königs heftige Emotionen in ganz Frankreich aus. In einer Karosse stolzen Ausmaßes waren Ludwig und Marie Antoinette mit ihren Kindern am 21. Juni 1791 heimlich in Richtung österreichische Niederlande aufgebrochen. Sie kamen nur bis Varennes, schon nahe der Grenze. Nachdem die Königsfamilie wieder eingefangen und Ludwigs verräterisches Doppelspiel herausgekommen war, lautete die wichtigste Frage der Nation: Sollte der Monarch abgesetzt und die Monarchie abgeschafft werden? Zum ersten Mal debattierte man offen über die Einführung einer Republik. Marat und die Volksgesellschaften waren dafür, ebenso der Club der »Cordeliers« mit seinem prominentesten Redner Georges Jacques Danton und der »Bund der Wahrheitsfreunde« mit seinen Wortführern Brissot und Condorcet.

Am Tag nach der Verhaftung des Königs, noch bevor sein Troß ins Tuilerien-Schloß zurückgekehrt war, schickte Olympe de Gouges der Nationalversammlung einen Brief mit einem bizarren Vorschlag: Man sollte für den *heuchlerischen* König inmitten eines *lasterhaften Hofes* eine *weibliche Nationalgarde* gründen; die intriganten Prinzessinnen, Herzoginnen und

Marquisen des Palais sollten verjagt und durch patriotisch gesinnte Bürgerinnen ersetzt werden ... Doch die Abgeordneten, mit grundsätzlichen Entscheidungen beschäftigt, schenkten Olympes Eingabe keine Beachtung.

Ihre unerschütterliche monarchistische Einstellung teilte Olympe de Gouges übrigens mit der Mehrheit der Nationalversammlung, die nach Varennes einen merkwürdigen »Rechtsruck« (Schulin) durchmachte: Man bemühte sich darum, den kompromittierten König zu retten – und mit ihm das Königtum. So wurde zunächst die Schutzbehauptung verbreitet, Ludwig sei entführt worden. Dann wurde er zwar für abgesetzt erklärt, doch nur bis zur Annahme der Verfassung. Auf einen Prozeß gegen ihn wurde ganz verzichtet.

Diese Milde der Konstituante ist zum einen mit außenpolitischer Vorsicht erklärbar: Der österreichische Kaiser Leopold II. hatte mit Krieg gedroht, falls Ludwig etwas passierte. Zum anderen aber zeigte sich darin ein Innehalten, dessen Gründe der liberale Abgeordnete und Republik-Gegner Antoine Barnave vor der Nationalversammlung auf den Punkt brachte:

»Ich stelle hier die wesentliche Frage: Wollen wir die Revolution beenden, oder wollen wir sie aufs neue beginnen? Ihr habt alle Menschen vor dem Gesetz gleichgestellt ..., Ihr habt dem Staat alles wiedergegeben, was der Souveränität des Volkes genommen war. Ein Schritt weiter wäre betrüblich und schuldhaft, ein Schritt weiter auf der Linie der Freiheit würde die Zerstörung des Königtums, ein Schritt weiter auf der Linie der Gleichheit würde die Zerstörung des Eigentums bedeuten.«[7]

Nein, das wollten die Vertreter des Bürgertums auf keinen Fall. Und wenn Olympe de Gouges auch eher aus kindlichem Respekt am »Vater« König festhielt, so befand sie sich doch zu diesem Zeitpunkt in vollem Einklang mit der Mehrheitsmeinung der revolutionären Führung.

Die republikanisch Gesinnten aber, die Volksgesellschaften und Marat-Anhänger, gaben sich mit dem Stand der Dinge nicht zufrieden. Sie riefen zu einer großen antimonarchisti-

schen Kundgebung auf – zum Jahrestag des Bastille-Sturms, am 14. Juli 1791, auf dem Marsfeld. Drei Tage später wiederholten sie die Kundgebung, diesmal mit einer Unterschriftensammlung. Daraufhin befahl die Konstituante, die Menge auseinanderzujagen. Lafayette erschien mit der Nationalgarde und ließ das Feuer auf die Demonstranten eröffnen. Es gab viele Tote und Verletzte.
Das Massaker auf dem Marsfeld war ein Wendepunkt der Revolution: Von nun an war der Dritte Stand gespalten. Die republikanischen Clubs wurden geschlossen, ihre Anführer verfolgt. Danton ging vorübergehend ins Ausland. Marat, dessen Druckerei zerstört wurde, tauchte eine Weile unter. Die gemäßigte Mehrheit um Barnave und Lafayette verließ den Jakobinerclub und gründete den »Gegenclub« der sogenannten »Feuillants«. Zur führenden Figur im Jakobinerclub wurde nun der Advokat Maximilien Robespierre, der gerade das Amt des Öffentlichen Anklägers beim Kriminalgericht von Paris übernommen hatte.
Zu den Ereignissen auf dem Marsfeld und danach schwieg Olympe de Gouges. Erst nach Verabschiedung der Verfassung durch die Konstituante am 3. September 1791 meldete sie sich wieder zu Wort. Zunächst verteilte sie höchstpersönlich eine an den König gerichtete *Dringende Mitteilung* von so wirrem Inhalt, daß man glaubte, sie habe den Verstand verloren. Olympe erwähnt dies in einer am 5. September eilig hinterhergeschickten Rechtfertigungsschrift, die sie die *Reue von Madame de Gouges* nannte. Seit einigen Tagen, erklärt sie darin, sei sie damit beschäftigt gewesen, *letzte Hand an ein größeres Werk zu legen*, als sie in ihrer *Abgeschiedenheit* vom Abschluß der Verfassung erfahren habe. *Betrübt und verzweifelt über den Umstand, daß dieses Meisterwerk vollendet wurde, bevor ich meine Ideen dazu hätte mitteilen können, umwölken sich mir Verstand und Sinne*, schreibt Olympe. Offensichtlich hatte sie gehofft, ihr *größeres Werk* noch in die Beratungen der Konstituante einbringen zu können. Um sich gegen den Vorwurf zu verteidigen, »von Sinnen« zu sein, rühmt sie sich ihres geistigen *Aristokratentums* und zählt ihre patriotischen Ver-

dienste auf, darunter auch *die Grundsätze der Gleichheit, Gerechtigkeit und Menschlichkeit, die die Verfassung mir zu verdanken hat.*[8] Sie war tatsächlich seit langem davon überzeugt, daß sie als erste die Stimme gegen den Despotismus erhoben habe und daß die Revolution ohne sie nicht stattgefunden hätte.
Acht Tage später, als sie ihr *größeres Werk* gerade in Druck gegeben hatte, erfuhr sie, daß der König die Verfassung angenommen hatte. Also war er wieder König! Und Frankreich nun eine konstitutionelle Monarchie! Tags darauf, am 14. September 1791, schwor Ludwig vor der Nationalversammlung feierlich den Eid auf die Verfassung. »Die Revolution ist zu Ende«, rief er aus, »möge die Nation ihr glückliches Temperament wiedergewinnen!«[9]
In royalistischem Überschwang lief Olympe zu ihrer Druckerei und ließ die Druckpresse anhalten, um ihrer Freude noch in einem Nachsatz Ausdruck zu verleihen. Es war ein vierundzwanzig Seiten langer Text, den sie der Königin gewidmet hatte. Er trug den Titel *Die Rechte der Frau – An die Königin* – jenes Werk, das ihren Namen unsterblich machen sollte.

9

»Die Frau ist frei geboren«

Die Erklärung der Frauenrechte

Mann, bist du fähig, gerecht zu sein? Eine Frau stellt dir diese Frage. Dieses Recht wirst du ihr zumindest nicht nehmen können. Sag mir, wer hat dir die selbstherrliche Macht verliehen, mein Geschlecht zu unterdrücken? [...] *Extravagant, blind, von den Wissenschaften aufgeblasen und degeneriert, will er in diesem Jahrhundert der Aufklärung und Scharfsichtigkeit, doch in krassester Unwissenheit, despotisch über ein Geschlecht befehlen, das alle intellektuellen Fähigkeiten besitzt.*[1]

Mit einer Kampfansage an den Mann beginnt Olympe de Gouges' legendäres Manifest *Die Rechte der Frau – An die Königin*, eine der ersten feministischen Gleichheitsproklamationen der Ideengeschichte.

Kernstück der umfangreichen Schrift ist die *Erklärung der Rechte der Frau und Bürgerin*, versehen mit dem Zusatz: *Von der Nationalversammlung am Ende dieser oder in der nächsten Legislaturperiode zu verabschieden.* Damit bringt Olympe unmißverständlich zum Ausdruck, daß es ihr um praktische politische Konsequenzen geht. Und schon im ersten Satz der Präambel heißt es: *Die Mütter, die Töchter, die Schwestern, Vertreterinnen der Nation, verlangen in die Nationalversammlung aufgenommen zu werden.*

Eine kühne Forderung zu einem Zeitpunkt der Revolution, da der Anspruch der Frauen auf politische Partizipation bereits nachdrücklich zurückgewiesen worden war. Das Wahlrechtsdekret vom Dezember 1789 bevorzugte den reichen männlichen Bürger und schloß Frauen grundsätzlich aus. Und auch die »Erklärung der Menschenrechte« garantierte lediglich – trotz ihrer angeblich universellen Gültigkeit – Männer-, genauer: Bürgerrechte. Sklaven und Frauen zählten unausgesprochen, aber selbstverständlich nicht zum Menschengeschlecht.

Olympe de Gouges' Erklärung der Frauenrechte hält sich in Form und Inhalt an die Menschenrechtsdeklaration und umfaßt wie diese 17 Artikel. Mit einem kleinen Unterschied: Sie nennt in jedem Artikel gesondert die Frau. In der Präambel begründet sie, warum dies notwendig ist: *In Anbetracht dessen, daß Unkenntnis, Vergessen oder Mißachtung der Rechte der Frauen die alleinigen Ursachen öffentlichen Elends und der Korruptheit der Regierungen sind, haben wir uns entschlossen, in einer feierlichen Erklärung die natürlichen, unveräußerlichen und heiligen Rechte der Frau darzulegen, damit diese Erklärung allen Mitgliedern der Gesellschaft ständig vor Augen ist und sie unablässig an ihre Rechte und Pflichten erinnert;* [...] *damit die Beschwerden von Bürgerinnen, nunmehr gestützt auf einfache und unangreifbare Grundsätze, sich immer zur Erhaltung der Verfassung, der guten Sitten und zum Wohl aller auswirken mögen.*

Knapp und beeindruckend präzise, wie sonst selten in ihren Schriften, modifiziert sie Punkt für Punkt die Paragraphen der Menschenrechte. Stolz verkündet ihr Artikel I: *Die Frau ist frei geboren und bleibt dem Manne gleich in allen Rechten.* Doch schon in den nächsten Artikeln wird deutlich, daß es ihr keineswegs darum geht, das Wort »l'homme« gleich »Mensch« oder »Mann« nun durch »Frau« zu ersetzen. Ihr Artikel II fordert ausdrücklich den *Schutz der natürlichen und unveräußerlichen Rechte sowohl der Frau als auch des Mannes.* Diese Rechte sind – wie in der Erklärung der Menschenrechte – Freiheit, Eigentum, Sicherheit und Widerstand gegen Unterdrückung, letzteres bei Olympe durch das Wörtchen »besonders« hervorgehoben, und »Sicherheit« vor »Eigentum« placiert.

Auffällig anders als in der Menschenrechtserklärung definiert Olympe de Gouges »Nation«, die für sie *nichts anderes darstellt als eine Vereinigung von Frauen und Männern* (Artikel III). Auch unter »Freiheit« versteht Olympe etwas anderes. In Artikel 4 der Menschenrechte heißt es: »Die Freiheit besteht darin, alles tun zu können, was einem anderen nicht schadet« – eine Formulierung, die sich vor allem auf die Eigentümer-

rechte des Bürgers bezieht und dessen »natürliche Fähigkeit« bezeichnet, »mit einer Sache nach Belieben zu verfahren, wenn er nicht durch Gewalt oder Recht daran gehindert wird«[2]. Olympe dagegen bindet »Freiheit« an »Gerechtigkeit«. Ihr Artikel IV lautet: *Freiheit und Gerechtigkeit bestehen darin, den anderen zurückzugeben, was ihnen zusteht. So wird die Frau an der Ausübung ihrer natürlichen Rechte nur durch die fortdauernde Tyrannei, die der Mann ihr entgegensetzt, gehindert. Diese Schranken müssen durch Gesetze der Natur und Vernunft revidiert werden.*
Den uneingeschränkten Zugang der Frauen zu allen Ämtern und damit auch zu Wahlen fordert Olympe im Artikel VI: *Alle Bürgerinnen und Bürger, die gleich sind vor den Augen des Gesetzes, müssen gleichermaßen nach ihren Fähigkeiten, ohne andere Unterschiede als die ihrer Tugenden und Talente, zu allen Würden, Ämtern und Stellungen im öffentlichen Leben zugelassen werden.*
Olympe de Gouges läßt keinerlei Sonderrechte für Frauen gelten, auch nicht bei den Strafgesetzen; diese müßten gegenüber jeder Frau *mit großer Strenge* angewendet werden (Artikel VII bis IX). Im Artikel X schließlich steht jene Formulierung, die zum einzig bekannten und geflügelten Wort ihrer Frauenrechtserklärung geworden ist: daß die Frau das Recht hat, das Schafott zu besteigen, und deshalb gleichermaßen das Recht haben muß, die Tribüne zu besteigen. Bekanntlich blieb es bei dem »Recht« der Frauen auf die Todesstrafe, während die »Tribüne« den Frauen noch hundertfünfzig Jahre lang verweigert wurde. Erst 1946, mit der Libération unter de Gaulle, erhielten die Französinnen das Wahlrecht.
In Artikel XI bezeichnet Olympe die Gedanken- und Meinungsfreiheit als *eines der kostbarsten Rechte der Frau.* Nicht, wie in der Menschenrechtserklärung, um »frei schreiben, reden, drucken« zu können, sondern weil diese Freiheit, wie es bei ihr heißt, *die Vaterschaft der Väter an ihren Kindern* garantiere: *Jede Bürgerin kann folglich in aller Freiheit sagen: ›Ich bin die Mutter eines Kindes, das du gezeugt hast‹, ohne daß ein barbarisches Vorurteil sie zwingt, die Wahrheit zu verschlei-*

ern. Dieser Passus ist deutlich von ihrem eigenen Schicksal als illegitime Tochter eines Marquis geprägt.
Die folgenden Artikel regeln die Teilhabe der Frauen an den Aufgaben des Staates, an Pflichten, Lasten und Steuern ebenso wie an hohen Ämtern und jeglichem Gewerbe. Und der letzte Passus postuliert, parallel zum Artikel 17 der Menschenrechtserklärung, ein Recht auf Eigentum auch für die Frauen: *Das Eigentum gehört beiden Geschlechtern vereint oder einzeln. Jede Person hat darauf ein unverletzliches und heiliges Anrecht.*
Doch anders als der männliche Bürger von 1789, der mit diesem Recht seinen Besitz verteidigt, steht die Frau und Bürgerin völlig recht- und besitzlos da. Sie hat weder ein Recht auf Eigentum noch ein Recht auf Arbeit oder Ämter, ja nicht einmal ein Recht auf die eigene Person, über die Väter und Ehemänner bestimmen. In ihren Schriften und Stücken hat Olympe immer wieder die *schändliche* Eigentumslosigkeit der Frauen beklagt, jenes *Grundübel*, das Frauen in die Abhängigkeit von Männern zwinge, in Unterdrückung und Erniedrigung. Im Vorwort eines ihrer ersten Stücke, dem *Freigebigen* von 1786, heißt es bereits: *Die Männer haben alle Vorteile. Etliche hat man gesehen, die, obwohl von niedrigster Herkunft, zu größtem Vermögen gelangten und manchmal auch zu Würden. Die Frauen ohne Vermögen bleiben – jedenfalls wenn sie tugendhaft sind – in Armut. Man hat uns von aller Macht, von allem Wissen ausgeschlossen.*[3]
Olympe weiß einen Weg, um die Verhältnisse und die Sitten zum Guten zu wenden: *Ich biete ein untrügliches Mittel an, die Würde der Frauen zu heben, nämlich sie mit den Männern zusammen an allen Erwerbszweigen teilhaben zu lassen.* Dieser Vorschlag gehört zu ihrem *Entwurf eines Gesellschaftsvertrages zwischen Mann und Frau*, der das Manifest der Frauenrechte ergänzt und dessen Prinzipien auch auf den privaten Bereich der Liebesbeziehungen ausdehnt:
Wir, N. und N., gehen auf Grund eigener Entscheidung auf Lebenszeit und für die Dauer unserer gegenseitigen Zuneigung zu folgenden Bedingungen eine Bindung ein: Wir wollen unser

Vermögen zusammenlegen und gemeinschaftlich verwalten, wobei wir uns das Recht vorbehalten, es zugunsten unserer gemeinsamen und der aus einem anderweitig eingegangenen Verhältnis stammenden Kinder zu teilen. Wir erkennen gegenseitig an, daß unser Eigentum direkt unseren Kindern gehört, aus welcher Verbindung sie auch stammen mögen. [...] *Wir verpflichten uns ebenfalls, im Falle einer Trennung unser Vermögen zu teilen* [...].

Dieser freiwillige, auf Gleichheit beruhende und aufkündbare Vertrag zwischen Mann und Frau ist Olympes Gegenentwurf zur Zwangsehe, die sie als *das Grab des Vertrauens und der Liebe* bezeichnet.

All ihr Wissen, ihr Können, ihre Überzeugungskraft hat Olympe de Gouges in diese Schrift gelegt. So anmaßend und geschwätzig sie sich in vielen ihrer patriotischen Flugschriften äußerte, so hellsichtig spürte sie die unannehmbare Entrechtung der Frau auf und scheute sich nicht, diese öffentlich anzuprangern – auch auf die Gefahr hin, sich lächerlich zu machen oder beschimpft zu werden. Niemand stand hinter ihr, sie kämpfte allein. Und mächtig erhob sie ihre Stimme:

Frau, erwache! Die Sturmglocke der Vernunft erschallt auf der ganzen Welt; erkenne deine Rechte! Das gewaltige Reich der Natur ist nicht mehr umstellt von Vorurteilen, Fanatismus, Aberglauben und Lügen. Die Fackel der Wahrheit hat all die Wolken der Dummheit und Gewalttätigkeit vertrieben. Der versklavte Mann vervielfachte seine Kräfte und brauchte auch die deinen, um seine Ketten zu zerbrechen. Kaum in Freiheit, zeigt er sich ungerecht gegen seine Gefährtin. O Frauen! Frauen, wann hört ihr auf, blind zu sein? Welche Vorteile habt ihr aus der Revolution gezogen? Eine noch tiefere Verachtung, eine noch deutlichere Geringschätzung. In den Jahrhunderten der Korruption habt ihr wenigstens über die Schwächen der Männer geherrscht. Euer Reich ist zerstört; was bleibt euch nun noch?

Doch Olympe de Gouges' leidenschaftlicher Appell verhallte nahezu ungehört. Woran lag es, daß dieses ungewöhnliche, alle Konventionen sprengende Werk, das es verdient hätte, die

heftigsten Auseinandersetzungen zu provozieren, beinahe ignoriert wurde? War es die Titelzeile, die Adresse *An die Königin*? Lag es an jenem vermessenen, Marie Antoinette umschmeichelnden Vorwort, daß man sich achselzuckend abwandte und nicht weiterlas? Ausgerechnet ihr, Marie Antoinette, der im Volk verhaßten und durch die Flucht nach Varennes erneut kompromittierten »österreichischen Wölfin«, hatte sie die Erklärung der Frauenrechte gewidmet!
Olympe glaubte allen Ernstes, die Königin für eine *Revolution der Sitten* gewinnen zu können, welche nur gelänge, *wenn alle Frauen von ihrem beklagenswerten Schicksal und vom Verlust ihrer Rechte in der Gesellschaft überzeugt sind.* Dazu zählte Olympe auch die Königin, als sei diese qua Geschlecht die natürliche Verbündete aller rechtlosen Frauen. Und folgerichtig bat sie Ihre Majestät im Vorwort: *Unterstützen Sie, Madame, eine so schöne Sache. Verteidigen Sie dieses unglückliche Geschlecht, und Sie werden bald die Hälfte des Königreichs auf Ihrer Seite haben, und mindestens ein Drittel der anderen.*
Offensichtlich fügte Olympes Adresse *An die Königin* der Glaubwürdigkeit und Wirkung ihrer Frauenrechtserklärung von vornherein großen Schaden zu. Gerade jene aufgeschlosseneren, radikaleren, republikanisch gesinnten Kreise um Condorcet, in denen über den emanzipatorischen Anspruch der Menschenrechte und deren beschränkte Verwirklichung diskutiert wurde, konnten Olympes naiven Royalismus kaum gelten lassen.
Dabei gab es zwischen Condorcets und Olympe de Gouges' Ideen auffällige Übereinstimmungen. Beide waren erbitterte Gegner der Sklaverei, die Olympe auch in ihrem Frauenmanifest scharf verurteilte, und Condorcet hatte bereits vor der Revolution für das Wahlrecht der Frauen plädiert – anläßlich der Wahlen zu den Generalständen. Zwei Jahre später, im Juli 1790, war dann im »Journal de la Société de 1789« sein berühmter Aufsatz »Die Zulassung der Frauen zum Bürgerrecht« erschienen, das wahrscheinlich erste und einzige feministische Manifest eines männlichen Autors in den Revolutionsjahren.

Darin hatte Condorcet die rhetorische Frage gestellt, ob nicht die politisch Verantwortlichen das Gleichheitsprinzip der naturgegebenen Rechte verletzten, »indem sie ganz einfach die Hälfte des Menschengeschlechts des Rechts beraubten, an der Gesetzgebung teilzunehmen, indem sie die Frauen vom Bürgerrecht ausschlossen?« Und provozierend fragte er weiter: »Warum sollte eine Gruppe von Menschen, weil sie schwanger werden können und sich vorübergehend unwohl fühlen, nicht Rechte ausüben, die man denjenigen niemals vorenthalten würde, die jeden Winter unter Gicht leiden und sich leicht erkälten?«

Condorcet vertrat die Auffassung, daß Frauen über die »gleichen Fähigkeiten« verfügen und daher notwendigerweise auch über die »gleichen Rechte« – ein Argument, das sich in Olympes Frauenrechtserklärung wiederfindet. Scharfsinnig zerpflückte er die Vorurteile der Emanzipationsgegner und bewies ihnen, daß »sich Unterlegenheit und Überlegenheit gleichmäßig auf beide Geschlechter aufteilen«. Es sei »also ungerecht«, so sein Resümee, »den Frauen weiterhin den Genuß ihrer natürlichen Rechte zu verweigern und dafür Gründe anzuführen, die nur deshalb eine gewisse Berechtigung haben, weil sie diese Rechte nicht genießen«. Und er fügte hinzu: »Es ist eigenartig genug, daß man in vielen Ländern Frauen für unfähig gehalten hat, ein öffentliches Amt zu bekleiden, nicht aber, den Königsthron zu besteigen.« Bemerkenswert ist, daß Condorcet bereits »den Hochmut und die Tyrannei der Männer« für den Ausschluß der Frauen von den Bürgerrechten verantwortlich machte, ebenso wie ein Jahr später Olympe de Gouges.[4]

Zweifellos hat Olympe diesen damals aufsehenerregenden Text gekannt, als sie ihren eigenen verfaßte. Wiederholt war ihr Name auch in einem Atemzug mit dem Condorcets in den Journalen genannt worden. Aber wie die beiden so verschiedenen Persönlichkeiten zueinander standen, ist leider nicht bekannt. Der Marquis Jean Antoine de Condorcet war ein ernster Gelehrter von knapp fünfzig Jahren, Mathematiker, Philosoph und Sekretär der Akademie der Wissenschaften; er galt als letzter »homme de lettres«, mit dem Voltaire im Briefwechsel gestanden hatte. Im folgenden Jahr 1792 sollte Condorcet übrigens Präsident der Gesetzgebenden Nationalversammlung werden.

Wahrscheinlich gehörte Olympe zu den regelmäßigen Gästen im Salon des Marquis und seiner jungen, intelligenten Frau Sophie, die, bevor sie zur leidenschaftlichen Anhängerin Rousseaus und der Revolution wurde, ein Stiftsfräulein gewesen war. Von ihr ist ein geistreiches Wort überliefert, das auch von Olympe hätte stammen können: Als der Erste Konsul Napoleon Bonaparte nach dem Tode Condorcets der Witwe gegenüber äußerte, er liebe es nicht, wenn sich Frauen in die Politik einmischen, soll Sophie de Condorcet geantwortet haben: »In einem Land, in dem man die Frauen köpft, ist es nur natürlich, daß sie wissen wollen, warum!«

Im Hause der Condorcets gingen seit Beginn der Revolution die großen Dichter und Denker der Zeit ein und aus, und hier wird Olympe vermutlich ausländischen Freidenkern wie dem Engländer Thomas Paine, dem Verfasser der »Rights of Man«, oder Benjamin Franklin, dem Mitunterzeichner der amerikanischen Unabhängigkeitserklärung, begegnet sein. Condorcets Salon, schrieb der Historiker Michelet bewundernd, »war der natürliche Mittelpunkt des denkenden Europa. Jede Nation und jede Wissenschaft war hier vertreten.«[5]

Die Idee der gesellschaftlichen Emanzipation der Frauen (und der Sklaven) entstand nicht zufällig in jener Epoche großer revolutionärer Umwälzungen, als mit der Proklamation gleicher Menschenrechte die Emanzipation der gesamten Menschheit erstmals zur Debatte stand. Auch außerhalb Frankreichs erschienen nun erste Plädoyers für die Befreiung der Frauen aus patriarchaler Unterdrückung und Entmündigung. So veröffentlichte 1792 in Deutschland der Königsberger Demokrat, Jurist und Schriftsteller Theodor Gottlieb von Hippel seine mutige Streitschrift »Über die bürgerliche Verbesserung der Weiber«.

Anders als die deutschen Philosophen Kant, Fichte und Hegel, die mit der angeblichen Minderwertigkeit der weiblichen

»Natur« den Ausschluß der Frauen aus dem bürgerlichen Rechtsstaat begründeten, kritisierte Hippel die herrschenden Gesetze: »Man erniedrigt ein ganzes Geschlecht zur Sklavenklasse.« Der Mann habe sich »zum Lehnsherrn und das Weib zur Vasallin« gemacht. Doch wolle er »zur Ehre des männlichen Geschlechts bekennen, daß keine bösere Absicht als die Furcht, das andere Geschlecht würde uns beherrschen, den Grund zu unserer Herrschaft über dasselbe gelegt hat« – eine Ansicht, die auch Olympe, zum Beispiel in ihrem Roman *Der weise Fürst*, vertrat.

»Warum«, fragte Hippel, »soll das Weib nicht ›Ich‹ aussprechen können? [...] Hat Gott bei dem anderen Geschlechte etwas versehen? Oder sind es die Männer, die sich an diesem Geschlecht wider den Willen des Schöpfers versündigen! Warum sollen die Weiber keine Person sein? [...] Sollen ihm die Menschenrechte, die man ihm so schnöde entrissen hat, sollen ihm die Bürgerrechte, die ihm so ungebührlich vorenthalten werden – auf ewig verloren sein?« Und illusionslos vermerkte er, daß selbst die Französische Revolution – »obgleich Weiber die Fahne derselben geführt« – den Zustand der Frauen nicht verbessert habe.[6]

Im selben Jahr veröffentlichte die englische Autodidaktin und Schriftstellerin Mary Wollstonecraft, angeregt und ermutigt durch die revolutionären Ereignisse im Nachbarland, ihr Buch »Vindication of the Rights of Women« (Rechtfertigung der Frauenrechte). Es erschien noch 1792 in französischer, 1793 in deutscher Übersetzung und beeindruckte durch seinen leidenschaftlichen, auf das Grundsätzliche gerichteten Geist: »Der erste Punkt eines löblichen Ziels ist, den Status eines menschlichen Wesens zu erreichen, unabhängig vom Geschlecht«, lautet eine ihrer Hauptthesen. »Niedrige Arbeit hat die Frau zu etwas Niedrigem gemacht. [...] Für Männer und Frauen muß Wahrheit – wenn ich das Wort richtig verstehe – dasselbe sein.«[7]

Englands erste Frauenrechtlerin hatte wie Olympe de Gouges am eigenen Leibe die Schwierigkeiten erfahren, als Frau ein eigenständiges Leben zu führen. Sie hatte sich zunächst als

Gesellschafterin, dann als Erzieherin und Lehrerin ihren Lebensunterhalt verdient und ihre »Gedanken über Mädchenerziehung« publiziert. Um die Revolution aus der Nähe kennenzulernen, reiste Mary Wollstonecraft nach Paris, wo sie in Gefahr geriet, sich aber mit Hilfe eines Amerikaners nach London retten konnte. Dort heiratete sie 1796 den englischen Philosophen und Schriftsteller William Godwin. Im September 1797, elf Tage nach der Geburt ihrer Tochter Mary, starb sie, erst achtunddreißig Jahre alt. (Tochter Mary sollte neunzehn Jahre später den unkonventionellen Dichter Percy Bysshe Shelley heiraten und 1818 den Schauerroman »Frankenstein oder Der moderne Prometheus« verfassen.)

Vergleicht man diese ersten feministischen Schriften in Frankreich, Deutschland und England, so bleibt es Olympe de Gouges' originäre Leistung, als einzige den Emanzipationsanspruch der Frauen in einem systematischen Forderungskatalog zusammengefaßt und »der männlichen Verengung des Gleichheitsbegriffs«[8] in den Menschenrechten konkret gegenübergestellt zu haben. Zur Zeit der Französischen Revolution war das Wort »Feminismus« allerdings noch unbekannt. Der Sozialphilosoph und Begründer eines utopischen Sozialismus, Charles Fourier, gilt als der erste, der diesen Begriff verwendete. Er befaßte sich seit seiner 1808 erschienenen »Theorie der vier Bewegungen« auch intensiv mit einem neuen Verhältnis der Geschlechter und beurteilte noch vor Marx den »Kulturgrad einer Gesellschaft nach der Stellung, welche die Frau in derselben einnimmt«.

»Feminismus«, hat die Wissenschaftlerin Jutta Menschik in ihrer umfassenden Untersuchung zum Thema festgestellt, »ist ein schillernder Begriff. Er meint einerseits, daß Frauen ihre Interessen und Rechte entdecken, um sie in Forderungen umzusetzen, aber auch, daß sie das gegen die Interessen und Rechte der Männer tun.«[9] Historisch gesehen ist der Begriff Feminismus mit der bürgerlichen Frauenbewegung des 19. Jahrhunderts verbunden, als Frauen begannen, für gleiche Bürgerrechte wie das auf Bildung, Arbeit und politische Beteiligung (Wahlrecht) in eigenen Verbänden und Gruppen zu streiten, weil sie für ihre Ziele mit der Unterstützung der Männer nicht rechnen konnten. Eine solche feministische Bewegung gab es noch nicht während der Französischen Revolution; aber das Signal der Freiheit ermutigte Frauen, sich zum ersten Mal separat in Clubs zusammenzuschließen und politisch aktiv zu werden. Und es ermutigte feministische Einzelkämpferinnen wie Olympe de Gouges, enthusiastisch zu verkünden: *Die Frau erhebt Anspruch darauf, in den Genuß der Revolution zu kommen, und fordert ihr Recht auf Gleichheit!*[10]

Unter den wenigen herausragenden Frauengestalten der Französischen Revolution war Olympe die einzige Autorin, die ausdrücklich um Frauenrechte kämpfte. Aber die Vorstellung, sie habe dies als Gründerin von Frauenclubs, als Führerin und Agitatorin revolutionärer Frauenvereinigungen getan, ist falsch. Von den großen Volks- und Frauenaktionen hielt sie sich fern – anders als die kühne »Amazone« Théroigne de Méricourt zum Beispiel, auch sie eine ehemalige Kurtisane und den Künsten zugetan, die beim Marsch der Frauen nach Versailles am 5./6. Oktober 1789 an vorderster Front agierte und später, am 10. August 1792, als eine der ersten mit dem Degen in der Hand die Tuilerien erstürmte. So will es jedenfalls die Legende, und viele Legenden ranken sich um die abenteuerliche Erscheinung der schönen jungen Revolutionärin in Männerkleidern.

Bestimmter und radikaler als Olympe de Gouges ergriff Théroigne de Méricourt Partei für das Volk. In den Sitzungen der linken, republikanischen Cordeliers hielt sie feurige Reden; eine davon, in der sie einen »Tempel der Freiheit« für die Nationalversammlung fordert, errichtet auf den Trümmern der Bastille, hat Camille Desmoulins festgehalten. »Théroigne«, schreibt die Biographin Salomé Kestenholz, »ist eine kultivierte Frau, sie kann schreiben, sich ausdrücken, sie beherrscht die Kunst der Rede. Sie ist schon um vieles weitergekommen als Olympe de Gouges«.[11]

Als die dreißigjährige Théroigne de Méricourt Anfang 1791 ihre Heimat Lüttich besuchte, wurde sie eines Nachts von

Théroigne de Méricourt, Holzschnitt um 1830.

Franzosen entführt und ins Gefängnis geworfen. Man verdächtigte Théroigne, sie habe die Königin Marie Antoinette ermorden wollen. Nach schwerer Krankheit dem Kerker entronnen, kehrte sie nach Paris zurück. Es heißt, sie habe nun versucht, ein Frauenbataillon zu gründen. Auf jeden Fall ging sie zu den Frauen der Vorstadt Saint-Antoine und rüttelte sie auf: »Französinnen, ich wiederhole, erheben wir uns zur Höhe unseres Schicksals, brechen wir unsere Ketten, es ist endlich Zeit, daß die Frauen aus ihrer Nichtigkeit herausfinden, in der Unwissenheit, der Stolz und die Ungerechtigkeit der Männer sie seit so langer Zeit gefangenhalten.«[12]

Die armen Vorstadtfrauen von Saint-Antoine hatten für Théroignes Kampf um gleiche Rechte allerdings nicht viel übrig, da sie ganz andere Sorgen plagten: der Kampf ums tägliche Brot. Der Feminismus der Agitatorin Théroigne de Méricourt und der Autorin Olympe de Gouges, deren Schriften die Mehrzahl der Frauen gar nicht lesen konnte, war dem Zeitgeist noch weit voraus.

Seltsam, daß es zwischen diesen beiden Einzelgängerinnen offensichtlich kaum einen Kontakt gab, keine Gespräche, keine gegenseitige Unterstützung. Olympe selbst hat den Mangel an Achtung und Solidarität unter ihren Geschlechtsgenossinnen wiederholt beklagt. *Selten sieht man, daß Frauen einer schönen Tat oder dem Werk einer anderen Frau Beifall zollen*, bemerkte sie zum Beispiel im Vorwort ihres Mirabeau-Stückes, und in einer Flugschrift von 1792 wird sie emphatisch vorbringen: *Frauen, wäre es nicht an der Zeit, daß auch unter uns eine Revolution stattfände? Oder sollen die Frauen auf ewig voneinander isoliert bleiben* [...]?[13]

Dabei hätten die wenigen, ihrer Situation bewußten Frauen solidarischen Zusammenhalt fürwahr brauchen können. Immer deutlicher zeigte sich der Antifeminismus der Revolutionäre jedweder Couleur. Selbst ein Menschenfreund wie Brissot, der sich für die Befreiung der Sklaven stark gemacht hatte, vermochte in Frauen keine gleichberechtigten Menschen zu sehen. So vertrat er in seiner einflußreichen Zeitung »Le Patriote Français« die Ansicht, daß eine solide und vollständige

Ausbildung für Männer unerläßlich sei, für Mädchen aber die Vorschule genüge. Und der Revolutionär Sylvain Maréchal, einer der Redakteure der »Révolutions de Paris«, plädierte gar dafür, Frauen das Lesenlernen zu verbieten, »da die Natur sie ja zum Ausgleich sehr verschwenderisch mit der Fähigkeit zu sprechen begabt hätte«.[14]

In diesem Herbst 1791, als Frankreichs neue Verfassung verabschiedet wurde, mußte Olympe de Gouges begreifen, daß die Revolution über die *Rechte der Frau und Bürgerin* hinweggegangen war. Das Verfassungswerk der Konstituante wies den Frauen weiterhin passiven Bürgerstatus zu – wie übrigens auch den meisten Männern. Sieyès, der berühmte Verfasser des Pamphlets »Was ist der Dritte Stand?«, hatte argumentiert, daß politische Rechte nicht wie die »zivilen« – also die Menschenrechte – angeboren seien; sie bedürften daher bestimmter Qualifikationen: »angemessene Erziehung, gutes wirtschaftliches Einkommen, ein gewisses Maß an Muße. Also könnten Bedienstete oder Frauen dieses Wahlrecht nicht ausüben«[15]. Deshalb sei zwischen »schutzbefohlenen Passivbürgern« und steuerzahlenden, wählenden »Aktivbürgern« zu unterscheiden. So kam es dazu, daß von 25 Millionen Franzosen nur 4,3 Millionen Aktivbürger und nur 50.000 Wahlmänner waren.

Gegen dieses »Wahlrecht der Wohlhabenden« waren viele Sturm gelaufen. Marat zum Beispiel, der im »Ami du Peuple« gewarnt hatte: »Was wäre durch die Beseitigung der Adelsaristokratie gewonnen, falls an ihre Stelle die Geldaristokratie tritt?«[16] Camille Desmoulins hatte gewettert, selbst Rousseau wäre unter diesen Umständen nicht wählbar gewesen. Und Robespierre, einer der entschiedensten Gegner des Wahlgesetzes, hatte schließlich im April 1791 eine Rede drucken lassen, in der er das allgemeine Stimmrecht vorschlug – für »das Volk«, das heißt für jedermann und jedefrau. Diese Initiative war aber fast einstimmig abgelehnt worden.

Erst in den letzten Tagen der Legislative, im September 1792, erhielten die Frauen wenigstens in der neuen Ehegesetzgebung gleiche Bürgerrechte zuerkannt. Die Legislative

– jenes revolutionäre Führungsgremium, das die Konstituante am 30. September 1791 ablöste – verfügte zum Beispiel die »Emanzipation aus väterlicher Gewalt mit 21 Jahren für Männer und Frauen und die Zeugnisfähigkeit der Frauen bei allen zivilen und gerichtlichen Akten, ein wesentlicher Schritt zu ihrer Anerkennung als Rechtsperson«[17]. Am spektakulärsten war die gleichzeitige Einführung der Ehescheidung, für die sich Olympe de Gouges wiederholt ausgesprochen hatte.
Im Juni 1793 folgten – nun vom Konvent verabschiedet – eine Reihe weiterer gesetzlicher Verbesserungen für Frauen, so zum Beispiel ihr Recht auf einen Anteil am Familieneigentum, das bisher allein dem Mann zustand. Außerdem führte der Konvent die gleiche Schulpflicht für alle und das gleiche Erbrecht für Jungen und Mädchen ein, uneheliche Kinder eingeschlossen, deren Schicksal Olympe immer besonders am Herzen gelegen hatte.
Das war zumindest ein kleiner Fortschritt auf dem Wege zur Gleichberechtigung. Doch etliche dieser revolutionären Regelungen sollten schon in den nächsten Jahren und besonders im napoleonischen Gesetzbuch »Code civil« von 1804 wieder rückgängig gemacht werden.

10
»Öffnen Sie uns die Ehrenschranke!«

Die Zeit der Legislative und der Sturz des Königs

Wieder saß Olympe auf der Tribüne der »Manege« und verfolgte das Geschehen. Am 1. Oktober 1791 waren 745 neugewählte Abgeordnete in den Reitsaal der Tuilerien eingezogen. In dieser zweiten Nationalversammlung, der »Assemblée Législative«, waren der liberale Adel und Klerus – die »Schwarzen« – nicht mehr vertreten. Die »neue Rechte« bildeten nun 264 Deputierte, die dem gemäßigten Club der Feuillants anhingen. Die Jakobiner auf der Linken waren mit 136 Abgeordneten vertreten, während die größte Gruppe, 345 Mitglieder, zur »unabhängigen« Mitte zählte.

Nein, radikal oder republikanisch gesinnt war dieses neue Gremium in seiner Mehrheit nicht. Dennoch konnte sich Olympe mit keiner dieser Fraktionen identifizieren. Argwöhnisch beobachtete sie die Beratungen der neuen Abgeordneten, sammelte Gedanken und Meinungen für ihre nächste Schrift. Es störte sie, daß sich das elegante Publikum mehr und mehr von den Zuschauerrängen zurückzog. Dort saßen nun gewöhnliche Leute, Anhänger der Jakobiner zumeist, die gegen unliebsame Beschlüsse lautstark protestierten.

Häufiger sah man Olympe jetzt auch auf den Besuchertribünen des Jakobinerclubs, die täglich überfüllt waren, seit sich der Club am 14. Oktober 1791 zur öffentlichen Gesellschaft erklärt hatte. Besonders gut kamen die neu eingeschriebenen »Brissotisten« an, so genannt nach Brissot, dem bekannten Herausgeber des »Patriote Français« und Deputierten der Legislative. Auch Condorcet, nun ebenfalls Abgeordneter, zählte zu dieser Gruppe, die man bald »Girondins« nennen wird, da viele von ihnen aus dem Departement Gironde kamen.

Eine Zeitlang hielt sich Olympe mit Manifesten zurück, obwohl es sofort eine große nationale Streitfrage gab. Brissot hatte noch im Oktober in der Legislative eine Kampagne für den Krieg eröffnet. Seine Reden peitschten auf, die Parolen wurden immer zwingender: »Ein Volk, das nach zehn Jahrhunderten der Sklaverei seine Freiheit erobert hat, bedarf des Krieges, um diese Freiheit zu befestigen«, beschwor Brissot im Dezember die Jakobiner. Er ging so weit, den Krieg als »nationale Wohltat« zu bezeichnen, und rief am letzten Tag des Jahres aus: »Der Augenblick für einen neuen Kreuzzug ist gekommen; es wird ein Kreuzzug für die Freiheit der Welt sein«.

Robespierre und Marat widersprachen heftig. Es machte sie skeptisch, daß auch der Hof den Krieg wollte, ebenso die Aristokraten und Emigranten. Am 2. Januar 1792 hielt Robespierre im Jakobinerclub eine seiner bedeutendsten Reden, in der er eine umfassende Revolutionstheorie entwarf. »Niemand liebt Missionare in Waffen«, erklärte er darin. »Beginnt damit, eure Blicke auf die innere Lage zu werfen! Schafft bei euch selbst Ordnung, bevor ihr darangeht, die Freiheit anderswohin zu tragen!«[1]

Olympe de Gouges scheint sich an dieser Debatte nicht beteiligt zu haben. Es ist aber anzunehmen, daß sie in der Kriegsfrage mit den Brissotisten und dem König übereinstimmte. Daß sie es mit Robespierre und Marat hielt, ist angesichts ihres Hasses auf diese beiden Männer, dem sie im Laufe des Jahres 1792 noch exzessiv Ausdruck verleihen wird, sehr unwahrscheinlich.

Wir wissen leider nicht, ob Olympe am 6. März 1792 auf der Tribüne der »Manege« saß, als eine Abordnung von Bürgerinnen vorgelassen wurde, die, wie das Protokoll der Nationalversammlung festhielt, »um Erlaubnis nachsuchen, sich Piken, Pistolen und Säbel zu beschaffen und ehemalige Soldaten der Französischen Garde als Lehrmeister zu haben«[2]. Begrüßte Olympe diese Petition, die von 304 Frauen unterschrieben war? Sie forderten die Bewaffnung von Frauen mit der Begründung, daß niemand glauben solle, die Menschenrechte besäßen für Frauen keine Gültigkeit. Deshalb ersuchten sie darum, im Kriegsfalle mit der Waffe in der Hand die Sache der

Revolution verteidigen zu dürfen. Doch die Legislative lehnte ab. (Dennoch werden später viele Frauen, als Männer verkleidet, am Krieg teilnehmen ...)
Während dieser Wochen war Olympe vor allem mit einem ausführlichen Aufsatz zur neuen Verfassung beschäftigt. Den 32 Seiten, Ludwig XVI. gewidmet, gab sie den Titel *Der französische Geist oder Das Problem, das es im Labyrinth verschiedener Verschwörungen zu lösen gilt* und schickte sie am 22. März an die Nationalversammlung. Darin kritisierte sie, daß die Arbeit der Legislative und der Minister nicht genügend voranschreite, und beklagte Korruption und Gewalt.
Das Anliegen der Autorin fand in der Presse eine freundliche Würdigung. Ausgesprochen wohlwollend antwortete ihr auch der neue Pariser Bürgermeister, ein Jakobiner. Und der Staatsanwalt der Pariser Kommune, Louis Pierre Manuel, nahm sich die Zeit, »einer guten Bürgerin, die dem Vaterland mit ihrem Geist und ihrem Herzen gedient hat«, zu schreiben: »Madame de Gouges sieht die Revolution nicht genauso wie die Patrioten; aber ihre Absichten sind dieselben. Es gibt mehrere Wege, die in die Freiheit führen. Sie hätte einen gewollt, der nur mit Blumen bestreut gewesen wäre, das ist die Neigung ihres Geschlechts [...]«
Manuels Brief, eine Spur zu herablassend, kränkte Olympe de Gouges, besonders seine indirekte Behauptung, sie sei keine Patriotin. Jedenfalls rechtfertigte sie sich schon am 14. April in einer neuen Schrift, die sie *Der gesunde Menschenverstand der Franzosen oder Die Verteidigungsrede wahrhaft Adliger* nannte und diesmal nicht dem König, sondern den Jakobinern widmete. *Wenn ich, ebenso wie der Autor des erhabenen »Contrat social«, gewünscht habe, daß die Revolution ohne Blutvergießen stattfinden möge*, argumentierte sie mit Rousseau, *dann deshalb, weil ich gleich ihm befürchtete, daß nur ein verschütteter Tropfen genügen würde, um Ströme zum Vergießen zu bringen.* Zugleich beteuerte sie, daß die wahrhaft Adligen immer Menschen aus dem Volke seien.[3]
Was dann geschah, muß Olympe maßlos erbittert haben: Die

Jakobiner verweigerten die Annahme dieser ihnen ausdrücklich gewidmeten Drucksache. Nicht viel besser erging es ihr in der Legislative, der sie wie üblich ein Exemplar geschickt hatte. Madame de Gouges' Begleitbrief wurde vor der Sitzung verlesen: *Seit fünf Jahren schreibe ich ohne Pause, ich habe Frankreich mit meinen nützlichen Projekten überschwemmt* – Lachen und Gemurmel – *mit meinen wohltätigen Bemerkungen, und habe damit die Feinde der Partei ermüdet* [...] – bis ein Deputierter, Mathieu Dumas, unterbrach: »Ich verlange, daß die Schleusen dieser Überschwemmung geschlossen werden!« Dem Antrag wurde stattgegeben, die Versammlung ging zur Tagesordnung über.[4]

Die Tagesordnung: Das war in jenen Apriltagen vor allem die Entscheidung für oder gegen Krieg. Mitte März hatte der König Vertreter der Gironde in sein Kabinett berufen. Innenminister wurde Jean Marie Roland de la Platière, Generalinspekteur der staatlichen Manufakturen.

Der fast sechzigjährige Roland war erst kürzlich mit seiner sehr viel jüngeren Frau Manon Philipon von Lyon gekommen und in das kleine »Hôtel Britannique« in der Rue Guénégaud gezogen. Schon bald sollte ihn der Ruhm seiner Frau überstrahlen. Madame Roland verstand glänzend zu schreiben; obwohl sie nicht den Ehrgeiz besaß, Schriftstellerin zu werden, gehören ihre Briefe und Memoiren zu den interessantesten Zeugnissen der Epoche. Ihr Salon war der bevorzugte Treffpunkt der girondistischen Abgeordneten und ihrer Freunde, die die Republik wollten; jener Revolutionäre um Brissot, die glaubten, der Krieg würde sie ihrem Ziel näherbringen. Offenbar zählte Olympe de Gouges nicht zu Manon Rolands Gästen – vielleicht, weil sich diese aus Frauenrechten nichts machte; wahrscheinlicher, weil Olympe gerade wieder in einem Zeitungsartikel bekräftigte, *gemäßigte und patriotische Royalistin* zu sein.

Die Girondisten, nun in der Regierung, hatten sich also auf der ganzen Linie durchgesetzt, Robespierre und Marat die Partie verloren. Am 20. April wurde die Kriegserklärung der Legislative dem Vertreter des Königs von Böhmen und Ungarn

übergeben – dem Stammhaus der verhaßten »Österreicherin«. Es hatte nur zwölf Gegenstimmen gegeben.
In diesen Tagen Ende April 1792, als im Lande eine ekstatische Kriegsanfangs-Begeisterung herrschte, produzierte Olympe eine seltsame Kampfschrift sowohl gegen die Jakobiner als auch gegen die Feuillanten: *Große Finsternis der Jakobinischen Sonne und des Feuillantischen Mondes* nannte sie ihre scharfe Attacke gegen die linken und rechten Clubmitglieder der Legislative, eine metaphorische Beschwörung der Apokalypse: *Schließlich erreichen wir den schrecklichen Moment, der über das Schicksal aller Völker entscheiden wird. Die Jakobinische Sonne stürzt sich auf den Feuillantischen Mond.* [...] *Diese beiden künstlichen Wesen wollen die Erde verschlingen. Aber die Erde erhebt sich, stürzt sich in die Finsternis, und gibt dem Tag die Klarheit zurück, die sie mit ihrem düsteren Einfluß besudelt hatten ...*[5]
Mehr und mehr geriet Olympe de Gouges zwischen alle Stühle. Was hatte sie den beiden »Parteien« konkret vorzuwerfen? Ihre Angriffe waren so verworren, daß die royalistischen Feuillants sie beschuldigten, »Brissots Republik« anzuhängen, während die Republikaner sie reaktionärer Vorstellungen verdächtigten und als »ruhmsüchtig« bezeichneten. Doch bald darauf sollte es Olympe noch einmal gelingen, ihren Patriotismus unter Beweis zu stellen.
Es war der Bürgermeister von Etampes, André Simoneau, bei einem Aufruhr wegen Kornverteuerung von einer erbosten Menge erschlagen worden. Daraufhin beschloß die Nationalversammlung, Simoneaus Ehrenbegräbnis zu einer nationalen Zeremonie auszuweiten: zum »Fest des Gesetzes« am 3. Juni 1792 auf dem Marsfeld. Mitte Mai betrat Olympe de Gouges, gefolgt von drei Bürgerinnen, den großen Saal der »Manege«, um eine patriotisch-feministische Petition vorzubringen: *Nach dem Vorbild der Römerinnen*, erklärte sie feierlich, *wollen die französischen Damen in diesem Jahrhundert der Freiheit* [...] *den französischen Heroen die Kronen überreichen, die ihnen das Vaterland zuerkennt! Alle Frauen sollen bedeckt mit Trauerkrepp voranschreiten, den Sarkophag und ein Banner tragen*

[...]: *›Für Simoneau, die dankbaren Frauen‹.* [...] *Erinnern Sie sich, daß es bei den berühmtesten Völkern die Frauen waren, die die Helden krönten* [...], *öffnen Sie uns die Ehrenschranke, und wir werden Ihnen den Weg aller Tugenden zeigen!*
Die pathetische Rede der Dramatikerin löste unter den Abgeordneten »donnernden Applaus« aus. Auch die Zeitungen zeigten sich von Madame de Gouges' Initiative angetan. Lediglich die den Jakobinern nahestehenden »Révolutions de Paris« reagierten mit schroffer Ablehnung: »Wir fordern Madame de Gouges auf, sich weniger leichtfertig in der Wahl der Verfasser ihrer Reden und anderer Werke zu zeigen. Man hat sie hier wahrscheinlich etwas sagen lassen, was sie von sich aus niemals gesagt hätte. Es ist das erste Mal, zumindest in Frankreich, daß man Frauen so zu Männern und vor allem zu Gesetzgebern hat sprechen hören: ›Öffnen Sie uns die Ehrenschranke‹. Wir bitten die Damen auch, aufmerksam die Ansprachen zu lesen, die man in ihrem Namen an die Öffentlichkeit bringt. Die Ehre der Frauen ist keineswegs eine Barriere, die für sie verschlossen und zur Verfügung der Männer bleibt. Die Ehre der Frauen besteht darin, in aller Stille die Tugenden ihres Geschlechtes zu kultivieren, und zwar unter dem Schleier der Bescheidenheit und im Schatten ihres Heimes. Auch kommt es den Frauen nicht zu, den Männern den Weg zu weisen.«[6]
Die Arroganz, mit der die Radikalen die Autorin bewußt herabsetzten und die Frauen auf ihren traditionellen, das heißt minderwertigen Platz verwiesen, ließ für die Zukunft nichts Gutes ahnen. Doch Olympe de Gouges konnten derartige Diskriminierungen nicht aufhalten, den Ton war sie seit jeher gewöhnt. Also kümmert sie sich um die Gelder für den Frauenzug, startet eine Spendenaktion, wendet sich wieder einmal an die Königin. Und bringt es fertig, daß Marie Antoinette den Organisatoren der Zeremonie tatsächlich 1.200 Livres zukommen läßt.
Als das »Fest des Gesetzes« schließlich am 3. Juni auf dem Marsfeld stattfand, wurde es durch Gewittergüsse reichlich durcheinandergebracht. Der Platzregen durchnäßte auch den

Trauerzug der mit Eichenlaub gekrönten Damen in Weiß, angeführt von Olympe de Gouges, deren Haltung nach einem bissigen Kommentar der »Révolutions de Paris« allzusehr an »die der ersten Trommler am Kopf ihrer lärmenden Truppen« erinnerte. Natürlich hatte es Olympe nicht versäumt, ihre Mitbürgerinnen in einer Flugschrift aufzurütteln: *Frauen, wäre es nicht an der Zeit, daß auch unter uns eine Revolution stattfände?* Was jedoch diese Feier betrifft, so war sie weniger revolutionär, als vielmehr eine gründlich mißglückte Jubelveranstaltung…

Zehn Tage später entließ der König die Gironde-Minister und berief ein konservatives Kabinett. Das wirkte, in einer äußerst angespannten Kriegssituation, wie eine Provokation. Am 20. Juni 1792, dem Jahrestag des Ballhausschwures, war halb Paris auf den Beinen. Aus den Vorstädten zogen bewaffnete Demonstranten zum Sitz der Nationalversammlung und stürmten dann durch die Tuileriengärten ins Schloß. Der König, in eine Fensternische gedrängt, mußte sich die rote Mütze der Revolution aufs Haupt stülpen und einen Schluck Rotwein

Beim »Fest des Gesetzes« führt Olympe de Gouges einen Frauenzug an, Stich von Prieur.

aufs Wohl des Volkes trinken. Mehr passierte gar nicht; doch war dies der erste Auftritt der »Sansculotten«, Spottname für die Arbeiter und Kleinbürger ohne (sans) modische Kniehosen (culotte), die nur gewöhnliche (lange) Pantalons trugen. Die Sansculotten sollten fortan eine wichtige politische Rolle spielen.

Während dieser ungestümen Volkskundgebung war Olympe de Gouges gerade damit beschäftigt, eine neue Unterkunft in unmittelbarer Nähe der Tuilerien anzumieten: im »Hôtel des Vivres« in der Rue Saint-Honoré Nummer 253. Sie sollte ihr offensichtlich als Quartier im Zentrum der revolutionären Aktivitäten dienen, da sie ihr Zuhause in Auteuil behielt. Sofort äußerte sie sich entsetzt über den Aufruhr und verurteilte diese Volksaktion ebenso wie drei Jahre zuvor den Zug der Frauen nach Versailles.

Die Lage verschärfte sich zusehends. Anfang Juli, nachdem der Krieg für die kaum schlagkräftige revolutionäre Armee bisher äußerst ungünstig verlaufen war, traten auch noch die Preußen und ein Emigrantenkorps gegen die Franzosen an. Daraufhin rief die Legislative den Notstand aus: »Das Vaterland ist in Gefahr!« In Paris wurden Freiwilligenbataillone ausgehoben. Als in den Stadtteilen die Anwerbungen begannen, erschien Olympe de Gouges auf der Place du Carrousel vorm Palais Royal, bestieg das Podest und ergriff das Wort, um *die Unentschlossenen zu mobilisieren.* Zu jenem Zeitpunkt war ihr Sohn Pierre Aubry an der Grenze stationiert. Leidenschaftlich drängte Olympe die Zögernden, *wie ein einziger Mann dem bedrohten Vaterland zu Hilfe zu eilen*[7].

Es wäre ganz falsch, sich Olympe de Gouges als Pazifistin vorzustellen; sie war es ebensowenig wie die Frauen der Französischen Revolution generell, die seit dem Bastille-Sturm an allen Aktionen bewaffnet teilgenommen hatten. Wenn Olympe diese Volksdemonstrationen auch verabscheute und nicht wie Théroigne de Méricourt mit der Waffe in der Hand kämpfte, so vertrat sie doch die Auffassung, zum Beispiel in ihrem Roman *Der weise Fürst*, daß gleiche Rechte auch *uner-*

schrockene Kriegerinnen hervorbringen würden. Sie liebte es, ihre Vaterlandsliebe bei pompösen Aufmärschen und offiziellen Festen zur Schau zu stellen – bevorzugt im Kreise gleichgesinnter Frauen. So marschierte sie zur Parade dieses 14. Juli 1792 gemeinsam mit Etta Palm und Théroigne de Méricourt auf. Ein provozierender Auftritt für viele Zeitgenossen, die sich Frauen nur an der Seite von Ehemännern, Vätern oder Brüdern vorstellen konnten und die Gruppe deshalb als »eine ebenso ausgefallene wie lächerliche Schar nationaler Jungfrauen«[8] verspotteten.

Zwei Wochen später, am 1. August, wurde in der Metropole das Manifest des Herzogs von Braunschweig, des Oberbefehlshabers der alliierten Armeen, bekannt: Es drohte den Parisern eine »für alle Zeiten denkwürdige Rache« und ihrer Stadt den »gänzlichen Ruin« an, falls das Tuilerienschloß verletzt oder dem König und seiner Familie auch nur die »mindeste Beleidigung« zugefügt würde. Doch statt, wie beabsichtigt, einzuschüchtern, entfachte die Drohgebärde erst recht die Wut des Volkes. Am 3. August forderten 47 von 48 Pariser Sektionen die Absetzung Ludwigs XVI. und gaben der Legislative eine Bedenkfrist bis zum neunten. Als der Termin ohne Beschluß verstrich, begann um Mitternacht die Sturmglocke zu läuten.

Olympe de Gouges hörte die Sturmglocke nicht. Sie hatte Paris ein paar Tage vorher verlassen, um in der Provinz für ihre Theaterstücke zu werben. So erlebte sie nicht mit, wie am Morgen des 10. August 1792 die Tuilerien von bewaffneten Sansculotten gestürmt wurden. Viele Frauen waren darunter, wie schon am 14. Juli 1789. Théroigne de Méricourt wurde »hoch zu Roß« gesehen, und einer Mademoiselle Claire Lacombe, der späteren Mitbegründerin der »Revolutionären Republikanerinnen«, wurde anschließend schriftlich bescheinigt, »daß sie persönlich am Gefecht des 10. August teilgenommen hat; daß sie nicht allein die Schergen eines treulosen Hofes bekämpfte, sondern durch ihren Mut und ihre Tapferkeit – ehemals ungewöhnlich bei Personen ihres Geschlechts – Bürger wiederversammelte, die das anhaltende Feuer [der

verteidigenden Schweizergarden] in Auflösung gebracht hatte«[9].
Es kam zu einem fürchterlichen Blutbad in den Tuilerien, bei dem auch viele Frauen getötet oder verwundet wurden. Der König und seine Familie aber hatten das Schloß schon verlassen; sie hatten sich zur »Manege« begeben, um sich unter den Schutz der Nationalversammlung zu stellen.
Als Olympe nach vierzehn Tagen von ihrer Theaterreise zurückkehrte, wurde die königliche Familie bereits im »Temple«, einem mittelalterlichen Turm des einstigen Templerordens, gefangengehalten. Noch war Ludwig XVI. nicht entthront, sondern nur seines Amtes enthoben, bis ein vom französischen Volk zu wählender Nationalkonvent über sein Schicksal befinden würde.
In seltsamem Kontrast zu ihren bisherigen Ansichten scheint Olympe de Gouges den gewaltsamen Umsturz begrüßt zu haben. In einer *Adresse an den Don Quichotte des Nordens* – gemeint ist der König von Preußen, den sie familiär mit Frédéric anredet, duzt und auffordert, sofort das französische Territorium zu verlassen – erklärt sie jedenfalls: *Diese heilige Erhebung vom 10. August hat den gordischen Knoten durchschnitten, der alle guten Bürger in Unentschlossenheit hielt.*[10]
War es – angesichts der Gewalt – nur ein vorsichtig taktierendes Bekenntnis nach außen und nicht ihre wirkliche Überzeugung? Oder begriff die Royalistin Olympe de Gouges nicht, daß nicht nur Ludwig, ein »schlechter« König, gestürzt war, sondern mit ihm auch das System der konstitutionellen Monarchie, und daß man nun der Republik entgegenging? Die Feuillants jedenfalls begriffen es, lösten ihren Club auf und wurden im Reitsaal der Tuilerien nicht mehr gesehen. Lafayette, den Olympe bewundert und in ihren Schriften gerühmt hatte, floh am 19. August zu den Österreichern.
Bis zum Zusammentritt des Nationalkonvents am 20. September wurde ein Exekutivausschuß gebildet, in dem der Girondist Roland wieder das Innenministerium übernahm. Mit der Leitung des Justizressorts wurde Georges Danton beauftragt, der Held des Aufstandes vom 10. August. Seine Macht stützte

sich auf die »Commune«, die Gemeinde von Paris, die während der Übergangszeit den Gang der Ereignisse wesentlich bestimmte.
Es kamen schlechte Nachrichten von der Front. Die Preußen eroberten die Festung Longwy. Sie drangen weiter in den Argonnen vor. Paris rüstete sich zur Verteidigung, ließ 30.000 Piken schmieden, Freiwillige mustern, vor der Stadt Gräben ausheben. Unterdessen war zwischen der Kommune und der Legislative, zwischen Robespierre, Marat und ihren Freunden auf der einen und der Gironde auf der anderen Seite ein Machtkampf entbrannt, den Danton nur mühsam zu überbrücken vermochte. Gleichzeitig verbreiteten sich Gerüchte von einer royalistischen Revolte in der Vendée und von einem geplanten Staatsstreich der Konterrevolutionäre. Am 30. August begannen in der Hauptstadt systematische Hausdurchsuchungen, Verhaftungen. Der Feind war überall.
Da fiel am 2. September die Festung Verdun. Die Kommune erließ sofort einen Aufruf: »Zu den Waffen, Bürger, zu den Waffen, der Feind steht vor unseren Toren!« Wieder läutete die Sturmglocke, und die Anspannung wuchs ins Unerträgliche. War es der Beginn des Komplotts? Vereinigten sich die inneren und äußeren Feinde der Revolution? Bei den Wachkommandos der Stadtsektionen ging plötzlich die Parole um: »Zu den Gefängnissen!«
So kam es zu den panikartigen »Septembermorden« in den Pariser Gefängnissen – der Hinmetzelung von etwa 1.300 inhaftierten Männern und Frauen, von denen die meisten gar keine Konterrevolutionäre, sondern gewöhnliche Kriminelle waren. Diese blutigen Tage des »ersten Terrors« riefen auch bei vielen Anhängern der Revolution lähmendes Entsetzen hervor. Olympe de Gouges brachte ihren Abscheu in der Flugschrift *Der Stolz der Unschuld oder Das Schweigen des wahren Patriotismus* zum Ausdruck: *Das Blut, sagen die unbarmherzigen Agitatoren, macht die Revolutionen. Doch selbst das Blut der Schuldigen, im Überfluß und mit Grausamkeit vergossen, wühlt ganz plötzlich die Herzen auf, die Gedanken, die*

Meinungen, und man gelangt rasch von einer Regierungsform in die andere.[11]

Noch heftiger äußerte sich Manon Roland. »Sie kennen meinen Enthusiasmus für die Revolution«, schrieb sie am 9. September 1792 in einem Brief, »nun, ich schäme mich ihrer! Sie ist von Bösewichtern befleckt, sie ist ekelhaft geworden.«[12]

Während dieser furchterregenden Tage fanden die Wahlen zum Nationalkonvent statt – nach dem allgemeinen und gleichen Stimmrecht, wie es Robespierre gefordert hatte. Nun gab es zwar keine »Passivbürger« mehr, doch die Hälfte des Volkes, alle Frauen wurden weiterhin ausgeschlossen. Es muß ein bitterer Moment im Leben Olympe de Gouges' gewesen sein, der Tatsache ins Auge zu sehen, daß ihr Manifest für die Rechte der Frauen vollkommen wirkungslos geblieben war.

Als der Konvent am 20. September zusammentrat, war die äußere Gefahr plötzlich gebannt: Es war der Tag der Kanonade von Valmy. Die schlecht ausgerüsteten französischen Freiwilligen hatten, das »Ça ira« singend, zum ersten Mal das preußisch-österreichische Heer aufgehalten. Diesen moralischen Sieg der Revolution faßte Goethe, der sich damals im preußischen Lager befand, in die berühmten Worte: »Von hier und heute geht eine neue Epoche der Weltgeschichte aus, und ihr könnt sagen, ihr seid dabeigewesen.«

Tags darauf, am 21. September 1792, schaffte der Konvent das Königtum ab. Der erste Tag des »Jahres I« der Französischen Republik hatte begonnen – und die »zweite« Revolution...

11
Kühne Provokateurin Robespierres

Der Konvent und das »Jahr I« der Republik

Olympe de Gouges scheint es nicht schwergefallen zu sein, sich in eine Republikanerin zu verwandeln. Im neugewählten Nationalkonvent gab es überhaupt keine Royalisten mehr. Auf der Rechten saßen nun die gemäßigten Jakobiner, die Girondisten. Links befand sich der sogenannte »Berg«: die drei Großen, Robespierre, Danton, Marat und ihre Gefolgsleute. Dazwischen die Männer der Mitte, die schwankenden »Unabhängigen«, von den Parteien abfällig »Ebene«, »Bauch« oder »Sumpf« genannt.

Die Girondisten waren in der Überzahl. Sie stellten den Präsidenten des Konvents und die Regierung, beherrschten drei Viertel der Departements und die meisten Stadtverwaltungen. Wenn irgend jemand diese Partei führte, dann war es eine Frau: Manon Roland, die in ihrem Salon die Fäden zog. Ihr Mann übernahm wieder das Innenministerium. Condorcet wirkte im Verfassungsausschuß. Brissot agitierte im »Patriote Français«. Den Girondisten schloß sich auch ein neuer Abgeordneter des Konvents an, der als Autor des »Tableau de Paris« großes Ansehen genoß: Olympe de Gouges' langjähriger Freund Louis Sébastien Mercier. Kein Zweifel, daß auch Olympe mit dieser politischen Fraktion sympathisierte. Das sollte in der Flut ihrer nächsten Streitschriften sehr bald deutlich werden.

Bereits in der letzten Septemberwoche startete die Gironde einen Angriff gegen die »Montagne«, den Berg, um den Ausschluß von Robespierre und Marat aus dem Konvent zu erreichen: »Die Partei, deren Ziel die Errichtung einer Diktatur ist, das ist die Partei Robespierres!«[1] lautete der Hauptvorwurf. Olympe saß auf der Zuschauertribüne und folgte den Debatten mit gespannter Aufmerksamkeit. Glühend beneidete sie ihren Freund Mercier um sein Abgeordnetenmandat.

Er durfte reden, in das Geschehen eingreifen. Sie mußte zuhören. Als Frau konnte sie in der Versammlung allenfalls schreien oder klatschen, um die Volksvertreter zu beeinflussen. Oder Flugblätter und offene Briefe verbreiten – eine zweifellos wirkungsvollere Methode, am Fortgang der Revolution teilzuhaben. In ganz Paris ließ Olympe ihre Stellungnahmen plakatieren, »sogar bis in die Korridore des Konvents«[2].

Die Attacke der Girondisten gegen die Führer der Bergpartei nahm die Dramatikerin zum Anlaß, in einem Pamphlet namens *Die Phantome der öffentlichen Meinung* geradezu exzessiv gegen Marat zu wettern:

Es wird diskutiert, Louis XVI. den Prozeß zu machen. Er wird vielleicht auf dem Schafott enden, weil er die Nation verraten hat. Und Marat? Marat! Berühmter Agitator, Zerstörer der Gesetze, Todfeind der Ordnung, der Menschheit, seines Vaterlandes, besessen von der Absicht, in Frankreich eine Diktatur einzuführen, [...] *Marat lebt frei in der Gesellschaft, deren Tyrann & Geißel er ist.* [...]

Es wäre der geeignete Moment, alle Kraft und Billigkeit aufzubringen, um einen Schädling der Menschheit, der weder das Aussehen noch die Moral eines Menschen besitzt und der die Menschheit durch seine Ausschweifungen entehrt, aus ihrem Busen auszuspeien.[3]

Eine verbale Hinrichtung, fürwahr. Olympe hielt den Journalisten – nicht zu Unrecht – für einen der Hauptverantwortlichen der Septembermassaker. Marat, ein Mann von abstoßendem Äußeren, hatte schon im Juli 1790 in seiner Zeitung »Ami du Peuple« (nun »Journal de la République française«) geschrieben: »500 oder 600 abgeschlagene Köpfe würden Ruhe, Freiheit und Glück verbürgen. Eine falsche Humanität hat euren Arm gehemmt. Das wird Millionen eurer Brüder das Leben kosten.«[4]

Nicht minder als Marat scheint Olympe de Gouges den populärsten Mann in ganz Frankreich, Robespierre, gehaßt zu haben. Er war als Waisenkind aufgewachsen, ein Musterschüler, der es in seiner Heimatstadt Arras zum Anwalt gebracht hatte. Wie Marat hatte er sich für die Passivbürger eingesetzt; doch weit mehr als dieser idealisierte er das Volk, von dessen Vernunft und Tugend er gleich seinem Vorbild Rousseau tief überzeugt war. So wohnte der asketische Junggeselle, der sich lange im Hintergrund gehalten hatte, bei einfachen Leuten – in der Familie des Schreiners Duplay. Dafür wurde er geliebt, für seine unbedingte Redlichkeit und Sittenstrenge, die ihn in den Augen des Volkes zum »Unbestechlichen« machten.

Als nun Robespierre erneut von den Girondisten eines »maßlosen Ehrgeizes und des Strebens nach Alleinherrschaft« beschuldigt wurde, wartete ganz Frankreich höchst gespannt auf seine Rechtfertigung vor dem Konvent. Am Morgen des 5. November – dem Tag seiner Rede – leuchtete in den Straßen von Paris ein knallrotes Plakat von den Wänden. *Prognose Maximilien Robespierre betreffend, von einem amphibischen Lebewesen*, lasen die Leute. *Ich bin ein Lebewesen ohnegleichen*, lasen sie, *ich bin nicht Mann noch Weib, besitze allen Mut des einen und zuweilen die Schwächen des andern.* Das Pamphlet war mit *Polyme* unterzeichnet – ein Anagramm von »Olympe«. Es war eine Abrechnung mit dem »Unbestechlichen«, nicht weniger vernichtend als die mit Marat: *Du behauptest, der alleinige Schöpfer der Revolution zu sein, warst aber, bist und wirst auch in alle Ewigkeit nur deren Schandfleck und Greuel bleiben.* [. . .] *Dein Atem verpestet die reine Luft, die wir heute einatmen, deine zuckenden Lider verraten wider deinen Willen die Niedertracht deiner Seele, und jedes einzelne deiner Haare steht für ein Verbrechen.* [. . .]

Was willst du? Was forderst du? An wem willst du dich rächen? Wen willst du bekriegen, und nach wessen Blut dürstet es dich noch? Wohl nach dem Blut des Volkes, das noch nicht geflossen ist. [. . .] *Du möchtest Ludwig den Letzten umbringen, um zu verhindern, daß er rechtmäßig verurteilt wird; sie alle möchtest du umbringen, Pétion, Roland, Vergniaud, Condorcet, Louvet, Brissot, Lasource, Guadet, Gensonné, Hérault-Séchelle, mit einem Wort: die Fackeln der Republik und des Patriotismus! Einen Weg möchtest du dir bahnen mitten durch Berge von*

Leichen und auf den aus Mord und Totschlag gehauenen Stufen zur höchsten Macht emporschreiten [...].[5]

Obwohl Olympe de Gouges ihre Anschuldigungen mit keinen konkreten Fakten zu begründen vermochte, sollten ihre Vorhersagen grausige Wirklichkeit werden: Von den genannten Personen wird nur Louvet die Schreckensherrschaft überleben. »Polyme« forderte ihren Todfeind zu guter Letzt zum Duell heraus: *Schreibe auf dieses Plakat Tag, Stunde und Ort des Zweikampfes, und ich werde zur Stelle sein!*

An diesem 5. November 1792 sollte es Robespierre auf glänzende Weise gelingen, die Anklage der Girondisten zurückzuweisen. »Alle diese Dinge da waren gesetzwidrig«, erklärte er, »so gesetzwidrig wie die Revolution, wie der Sturz der Monarchie und der Bastille, so gesetzwidrig wie die Freiheit selber. Man kann keine Revolution ohne Revolution wollen.«[6] Mühelos gewann er die Abgeordneten der »Ebene« für sich und überzeugte das Volk. Daß er die roten Plakate jenes amphibischen Wesens Polyme keines Wortes würdigte, versteht sich von selbst.

So hatte die Gironde das Gegenteil von dem erreicht, was sie wollte: Der Mann mit dem gepuderten Haar, in der streng-eleganten Robe des Ancien Régime, profilierte sich als unangefochtener Führer der patriotischen Opposition. Daraufhin verfaßte Olympe in rasender Eile eine *Entgegnung auf die Rechtfertigung von Maximilien Robespierre.* Diesmal gab sie sich zu erkennen als *Olympe de Gouges, mehr Mann als Frau* und als Verfasserin der *Prognose*, und sie nutzte die Bekräftigung ihrer Vorwürfe zu einem erstaunlichen politischen Bekenntnis:

Du tust mir leid, Robespierre, und du flößt mir Abscheu ein. Sieh doch die Kluft, die sich zwischen unsern Seelen auftut; die meine ist wahrhaft republikanisch, deine ist es niemals gewesen. Wenn es den Anschein machte, als ob ich für die Monarchie einträte, so wohl nur deshalb, weil ich der festen Überzeugung war, daß diese Regierungsform dem französischen Charakter eher entspräche [...]. *Und wenn ich wie Mirabeau die konstitutionelle Monarchie beizubehalten suchte, geschah dies nur*

zum Wohle der Allgemeinheit, während du, wie du selbst sagst, sie aus purer Eigenliebe zu zerstören gedachtest!
Steig hinab in den Irrgarten deines Gewissens und widersprich mir, wenn du es wagst.[7]
Wieder griff die Dramatikerin in ihren großen Fundus tollkühner Beleidigungen, völlig unbedenklich, als fühlte sie sich durch die starke Gironde geschützt:
Sag an, Maximilien, weshalb fürchtest du so sehr die Literaten im Konvent? Weshalb hat man dich in der Wahlversammlung gegen die Philosophen wettern hören, denen wir die Vernichtung der Tyrannen zu danken haben, ihnen, den Erneuerern der Staatswesen, den wahren Stützen dieser Welt? [...] *Kennst du die Entfernung, die dich von Cato trennt, Marat von Mirabeau, die Sumpfmücke vom Adler, den Adler von der Sonne? Du bist nichts weiter als ein Zerrbild jener großen Gestalten.* [...]
Du würdest dein Leben hingeben, sagst du, um zu Ruhm und Glück unseres gemeinsamen Vaterlandes beizutragen. Wohlan denn, Robespierre, halte Wort und erlöse dein Land.
Weshalb haßte Olympe de Gouges den beliebten Anwalt des Volkes? Es ist nicht bekannt, ob sie Robespierre jemals persönlich begegnet ist, vielleicht schon vor der Revolution in Arras, auf einer ihrer Theaterreisen in die Provinz. Die Unerschrockenheit, mit der Olympe den »Unbestechlichen« attackierte, haben heutige Historikerinnen und Biographen gern als Verteidigung der Meinungsfreiheit interpretiert. Aber ging es wirklich um das »Recht auf Meinungsfreiheit«, wenn die phantasiebegabte Autorin dem Revolutionsführer vorschlug, *mit mir ein Bad in der Seine zu nehmen; um dich jedoch gänzlich von den Makeln reinzuwaschen, die dir seit dem 10.* [gemeint ist der 10. August, der Tag der Tuilerien-Erstürmung] *anhaften, werden wir Kanonenkugeln, Sechzehn- oder Vierundzwanzigpfünder, an unsere Fesseln hängen und uns gemeinsam in die Fluten stürzen. Dein Tod wird die erhitzten Gemüter besänftigen, und das Opfer eines reinen Lebens wird den Himmel beschwichtigen.*
Es ist wahrscheinlich, daß nicht einmal die Girondisten von Madame de Gouges' schrillen Anschlägen begeistert waren.

Im Jakobinerclub wurde die Tonart schärfer. Bourdon de L'Oise, ein Anhänger der Bergpartei, nannte sie eine »Schurkin« und einen »Bastard von Louis XV.« Olympe de Gouges antwortete umgehend mit einem *Rechenschaftsbericht meine Moral betreffend*. Sie nahm die Gelegenheit wahr, wieder einmal ihre patriotischen Verdienste aufzuzählen und sich über ihre geschmähten Feinde zu erheben: *Was wart ihr damals, Marat, Robespierre, Bourdon? Fauliges Ungeziefer im Sumpf der Korruption, aus dem ihr bis heute noch nicht herausgekrochen seid. Ich war bereits eine Persönlichkeit, ihr aber nichts anderes als gemeine Sklaven.*

Von Anfang an, schon bei ihren ersten politischen Schriften, hatte Mercier seiner temperamentvollen Freundin zur Vorsicht geraten. Doch Olympe hatte den Rat in den Wind geschlagen. Was hatte sie, eine Frau, schon zu befürchten? Und war es nicht ihre Aufgabe, die verderblichen Absichten dieser selbsternannten Volksführer zu entlarven, damit das Vaterland endlich auf sie hörte? Nein, Mercier konnte ihre heftigen verbalen Gefühlsausbrüche, die aus der permanenten Kränkung resultierten, mit vernünftigen Argumenten nicht eindämmen. Im übrigen stimmten sie in entscheidenden politischen Fragen durchaus überein.

In den folgenden Wochen ging es vor allem um den Prozeß gegen Ludwig XVI., nachdem seine Korrespondenz mit den Emigranten und mit den feindlichen Mächten entdeckt worden war. Der Bürger Louis Capet, wie er nun genannt wurde, sollte als Verräter zur Rechenschaft gezogen werden.

Die Girondisten wollten dem König »das Letzte ersparen«. Sie brachten vor allem juristische und außenpolitische Bedenken vor. Die Führer der Bergpartei dagegen argumentierten ausschließlich mit den Interessen der Revolution. Robespierre erklärte am 3. Dezember: »Ihr habt kein Gerichtsurteil für oder gegen einen Menschen zu fällen, sondern eine Maßnahme des öffentlichen Wohles zu treffen, einen Akt der nationalen Vorsehung zu vollziehen. [...] Mit Schmerz spreche ich die verhängnisvolle Wahrheit aus: Es ist besser, daß Ludwig stirbt, als daß 100.000 tugendhafte Bürger umkommen. Ludwig muß sterben, weil das Vaterland leben soll!«[8]

Da die Girondisten dieser populären Logik nicht zustimmen mochten, wurden sie aus dem Jakobinerclub ausgeschlossen. Auch im Konvent standen sie nun deutlich unter dem Druck der Pariser Sansculotten. Als am 11. Dezember die Verhandlung gegen Louis Capet begann, hatte die Gironde inzwischen den Vorsitz im Konvent an den Unabhängigen Henri Grégoire verloren. Der Geistliche, Sklavereigegner und Revolutionär der ersten Stunde, stand der Bergpartei nahe.

Vier Tage später, am 15. Dezember 1792, schickte Olympe de Gouges dem *Bürger Präsident* einen Brief, in dem sie sich anbot, *der Verteidiger von Louis zu sein.* Ein Sekretär verlas während der Konventssitzung ihren Brief mit diesem ebenso bizarren wie mutigen Vorschlag. *Lassen wir mein Geschlecht beiseite*, vernahmen die Abgeordneten, *Heldentum und Großmut sind auch ein Erbteil der Frauen, und die Revolution bietet mehr als ein Beispiel dafür.* [...] *Ich halte Louis als König für fehlerhaft; aber dieses abgeschafften Titels beraubt, hört er in den Augen der Republik auf, strafbar zu sein.* [...] *Ohne die Entartung seines Hofes wäre er vielleicht ein tugendhafter König gewesen.* [...] *Er war schwach; er wurde getäuscht; er hat uns getäuscht; er hat sich selbst getäuscht. Das also ist, kurz gesagt, sein Prozeß.*

Unruhe und lautstarker Protest im Saal. Der Brief war langatmig, und nur mit Mühe kam der Sekretär zum Schluß – zu jenen glasklaren, hellsichtigen Sätzen, die in den Bekundungen des Unmuts untergingen: *Es genügt nicht, den Kopf eines Königs rollen zu lassen, um ihn zu töten; er lebt noch lange nach seinem Tod; aber wirklich tot ist er, wenn er seinen Sturz überlebt* [...].[9]

Olympe de Gouges' provozierender Antrag, als Verteidigerin Ludwigs zu fungieren, wurde im Konvent gar nicht erst behandelt und von der Presse einstimmig verurteilt. Ein Journal kommentierte mit beißendem Spott: »Das kann nicht der Absicht des Gesetzgebers Condorcet entsprechen, der vor einigen Monaten dafür eingetreten ist, daß man die beiden Geschlech-

Ludwig XVI. als Angeklagter vor dem Nationalkonvent.

ter ohne Unterscheidung in alle politischen Versammlungen und zu allen Staatsaufgaben zulassen sollte. Man stelle sich im Konvent 200 Frauen von der Sorte Olympe de Gouges' vor! [...] Das Vergnügen, sich die Folgen auszumalen, überlassen wir unseren Lesern!«[10]

Doch schon bald sollte dem Spott ein unangenehmer Einschüchterungsversuch folgen. Daß Olympe den König immer noch verteidigen will, einen König, der nicht nur die Revolution, sondern auch sein Land verraten hat, verzeiht man ihr nicht. Eines Dezemberabends versammelten sich aufgebrachte Bürger unter den Fenstern ihres Pensionszimmers in der Rue Saint-Honoré. Es war schon dunkel, als sie auf einmal die Schreie der Menge hörte. »Madame de Gouges gab sich kühn und stolz«, berichtet ein Zeitgenosse, »eine andere hätte sich versteckt, sie aber ging hinunter. Man verspottete sie, man zog über sie her und beschimpfte sie, dann ging man zu handfesteren Angriffen über. Als einer dieser rauhen Spaßvögel ihren Gleichmut gewahrte, packte er sie am Kleid, hielt sie fest, umfaßte sie und fegte ihr mit der freien Hand die Haube vom Kopf. Ein erbärmliches Haupt entblößend rief er aus: ›Vierundzwanzig Sous für den Kopf von Madame de Gouges! Vierundzwanzig Sous! ... Zum ersten, zum zweiten, wer bietet mehr? Vierundzwanzig Sous für den Kopf! Wer meldet sich?‹ ›Mein Freund‹, sagte sie da mit der Gelassenheit einer Person, die in einem Salon Konversation macht, ›mein Freund, ich biete dreißig Sous und bitte um Vorkaufsrecht‹. Man lachte, der Mann ließ sie los, und für dieses Mal hatte sie sich geschickt aus der bösen Klemme gezogen.«[11]

Am 14. Januar 1793 begann im Konvent die Abstimmung über das Schicksal Ludwigs XVI. Auf den Tribünen der »Manege« saßen viele Frauen, manche in Feststimmung, schwatzend, Orangen schlürfend, ihren Männern oder Liebhabern von der »Montagne« zuwinkend. Sie blickten kaum zu dem Platz dieser sonderbaren Olympe de Gouges hinüber, die sehr vornehm gekleidet war und wie gebannt auf die Rednertribüne starrte. Der Reihe nach wurden die Abgeordneten namentlich aufgerufen und betraten die Kanzel, um ihr Votum abzugeben: »Schuldig«, lautete ihr Urteil fast einstimmig. Länger als 24 Stunden dauerte tags darauf die Abstimmung über Ludwigs Strafe. Das Ergebnis fiel knapp aus: Von 721 Abgeordneten waren 387 für die Todesstrafe, 334 – darunter Mercier – dagegen; 26 der Befürworter plädierten für einen Strafaufschub. Das bedeutete: eine Stimme Mehrheit für Ludwigs sofortige Hinrichtung.

Daraufhin beantragten einige Girondisten, unter ihnen Condorcet und Brissot, eine weitere Abstimmung über einen Aufschub der Exekution bis Kriegsende. Am 19. Januar wies der Konvent den Antrag mit einer Mehrheit von 70 Stimmen zurück.

Kurz vor der Hinrichtung Ludwigs XVI. prangte in den Straßen von Paris ein blutrotes Plakat. *Todesurteil über Louis Capet, verhängt von Olympe de Gouges* war es betitelt. Dort schloß sie sich der Meinung der Girondisten an, vorerst die Todesstrafe gegen den König auszusetzen. *Ei, weshalb verhandelt ihr nicht mit den gegnerischen Mächten und erkauft euch*

mit dem Kopf des Schuldigen einen Friedensschluß, der uns vor einem Blutbad der Völker verschont, argumentierte Olympe de Gouges schlau. *Dieses schuldbeladene Haupt, einmal von seinem Rumpfe getrennt, ist uns in keiner Weise mehr von Nutzen. Er hat uns zuviel gekostet, dieser Kopf, als daß wir nicht einen echten Vorteil daraus ziehen sollten.*
Sie schlug vor, die königliche Familie gefesselt auf die Schlachtfelder zu bringen, ins Feuer der feindlichen Geschütze – als Geiseln der nationalen Sicherheit sozusagen. *Sollten die gekrönten Schurken* – gemeint sind die europäischen Prinzen – *in ihrer verbrecherischen Haltung verharren und sich weigern, die Unabhängigkeit der französischen Republik anzuerkennen, so würde ich mir die Ehre nicht nehmen lassen, eigenhändig die Kanone abzufeuern, die uns von dieser mordenden Tyrannenbrut endgültig befreit.* Olympe war davon überzeugt, daß ihr Manifest, wäre es erst einmal in die Sprachen Europas übersetzt, *den Monarchen den Krieg erklären und eine weltweite Erhebung der Völker auslösen wird.*[12]
Doch der Konvent hatte endgültig abgestimmt, das Schicksal des gestürzten Königs nahm seinen Lauf.
Am 21. Januar 1793 bestieg Ludwig XVI. das Schafott auf der Place de la Révolution. Viel Volk drängte sich auf diesem Platz, der früher nach Ludwig XV. benannt war und zwei Jahre später in Place de la Concorde umgetauft werden würde. War Olympe de Gouges unter den Zuschauern? Oder hatte sie sich, abgestoßen von dem schrecklichen Schauspiel, nach Auteuil zurückgezogen? Es war ein Montag, und die Uhr zeigte 10.20, als das Messer fiel. Der Henker hielt das blutige Haupt bei den Haaren empor, um es dem Volk vorzuzeigen. Jubelgeschrei ertönte: »Es lebe die Nation, es lebe die Republik!« Um die Guillotine tanzten Sansculotten die Carmagnole, den Tanz der Revolution.

12
Eine verhängnisvolle Plakataktion

Der Sturz der Gironde und die Verhaftung

An einem klirrend kalten Winterabend, zwei Tage nach der Guillotinierung Louis Capets, wurde im Théâtre de la République, Rue de Richelieu, Olympe de Gouges' letztes aktuelles Drama aufgeführt: *Der Einmarsch von Dumouriez in Brüssel oder Die Marketender.* Es war eine schnell produzierte Eloge auf General Dumouriez, den Helden von Valmy. Das patriotische Stück, in dem zu sehen war, wie die Belgier den französischen Soldaten als ihren Befreiern zujubeln, zog eine Menge Zuschauer an. Doch die Aufführung war so miserabel, daß das Publikum pfiff und nach dem Namen des Autors verlangte.

Da richtete sich Olympe de Gouges in ihrer Loge nahe der Bühne auf und rief: »Ich bin es, Mitbürger! Seht hier den Autor! Doch ihr könnt mein Stück nicht beurteilen, weil die Schauspieler es sehr schlecht gespielt haben!«

Buhrufe von allen Seiten waren die Antwort.

Bei der zweiten Aufführung kam es noch schlimmer: Sie mußte abgebrochen werden, weil allerlei Volk auf die Bühne stürzte und die Carmagnole zu tanzen begann, während die Zuschauer im Saal im Chor mitsangen. Damit war das Stück erledigt. Und genau das sollte mit den Störungen wohl auch erreicht werden. *Die Schufte werfen mir meinen mangelnden Bürgersinn vor, weil ich mich für die Verteidigung von Louis XVI. angeboten habe*, wetterte Olympe anschließend auf einem Wandanschlag namens *Enthüllte Komplotte.*[1]

Wie üblich schickte sie ihr neuestes Werk an den Konvent und etliche Zeitungen. Und zumindest bei der Presse hatte sie mehr Glück als im Theater: So erschien am 17. Februar 1793 im »Journal de Paris« eine begeisterte Besprechung ihres Dumouriez-Dramas, das als »shakespearisch« gerühmt wurde, als erneuter Beweis ihres Hasses gegen die Tyrannen.

Doch an diesem Lob konnte sich Olympe de Gouges nicht lange erfreuen. Anderthalb Monate später sollte der Verrat Dumouriez' die krisenhafte Entwicklung der Revolution beschleunigen…

Die Nation war bedrohter denn je, die Kriegslage schlecht. Nach Ludwigs Exekution hatte sich ganz Europa gegen Frankreich verbündet. Ende Februar 1793 wurde ein Gesetz erlassen, das die Aushebung von 300.000 Mann befahl. Daraufhin brach in der Vendée ein royalistischer Aufstand los, der bis in den Dezember hinein dauern sollte. Aus Furcht vor dem inneren Feind wurde am 10. März ein Revolutionstribunal mit besonderen Vollmachten gebildet. Danton erklärte: »Seien wir schrecklich, damit das Volk es nicht zu sein braucht.« In den folgenden Tagen wurden Terrorgesetze gegen Unruhestifter durchgepaukt und Überwachungsausschüsse in allen Gemeinden und Stadtbezirken eingesetzt.

Olympe de Gouges sorgte sich ums Vaterland. In einem Wandanschlag, den sie bereits am 20. März als *Dringende Mitteilung* an den Konvent geschickt hatte, beschwor sie die zerstrittenen Parteien, sich zu versöhnen: *Bergpartei, Ebene, Rolandisten, Brissotisten, Girondisten und Anhänger Robespierres, Maratisten, verschwindet, schändliche Namen! Verschwindet auf immer* […]![2]

In diesem März 1793 wurde General Dumouriez bei Neerwinden vernichtend geschlagen; ganz Belgien ging wieder verloren. Dumouriez aber, dieser besonders von der Gironde hofierte Kriegsheld, plante nun gegen Paris zu marschieren, gegen den Konvent, um die Monarchie wieder einzuführen. Als die Soldaten ihm den Gehorsam verweigerten, lief Dumouriez am 4. April zu den Österreichern über.

Sein Verrat kompromittierte die Girondisten und natürlich auch Olympe de Gouges. Robespierre verlangte sofort die Bestrafung aller Komplizen. Am 6. April 1793 wurde der sogenannte Wohlfahrtsausschuß gebildet, eine Art Überregierung zur Kontrolle der äußeren und inneren Sicherheit. An der Spitze dieses wichtigsten Staatsgremiums stand Danton, der wortgewaltige Volkstribun, beliebt, geschickt, ein

»plebejischer Mirabeau«. Der ehemalige Advokat war über die Volksgesellschaften, die Cordeliers zur höchsten Macht aufgestiegen. Auch er war Dumouriez eng verbunden gewesen.

Das gedachten die Girondisten zu nutzen und schlugen daher Dantons Angebot, sich an einer breiten »republikanischen Front« zu beteiligen, aus. Statt dessen griffen sie Danton frontal an und peitschten am 8. April im Konvent die Verhaftung Jean Paul Marats durch. Marat, inzwischen Präsident des Jakobinerclubs und Konventsabgeordneter, vermochte sich bravourös zu verteidigen; er wurde bereits nach zwei Wochen vom Revolutionstribunal freigesprochen. So verlor die Gironde Schritt um Schritt an Terrain.

Der Verrat Dumouriez' wurde auch dem früheren Herzog von Orléans, seit der Legislative Philippe Egalité genannt, zum Verhängnis. Sein Sohn Ludwig diente General Dumouriez als Adjutant und war mit diesem zum Feind übergelaufen. (Als »Bürgerkönig« Louis-Philippe sollte er übrigens 1830 den französischen Thron besteigen!) Im April wurde der Ex-Herzog verhaftet, mit Frau und Schwester in Geiselhaft genommen, und es nützte ihm auch nichts mehr, daß er für den Tod seines Vetters Ludwig XVI. gestimmt hatte.

Dem Bürger Philippe Egalité aber hatte Olympe de Gouges gerade eine zweibändige Ausgabe ihrer Werke gewidmet. So war sie, nach der Verteidigung des Königs und ihrem Heldenstück auf Dumouriez, gleich mehrfach kompromittiert. In einem ausführlichen Vorwort der nächsten Auflage bemühte sie sich um Distanzierung, indem sie Philippe Egalité nun diverser verbrecherischer Absichten bezichtigte. Ihm schrieb sie den Einschüchterungsversuch vor ihrer Pension im Dezember zu und eine eigenartige Verfolgung durch einen »Strauchdieb« im März, die sie in allen Einzelheiten im Vorwort schilderte.

Seltsam schwankend war Olympe de Gouges' Beziehung zu dem schillernden, undurchsichtigen Prinzen, dem wiederholt Verschwörungen um des Thrones wegen nachgesagt wurden. Noch zu Beginn der Revolution hatte sie Philippe d'Orléans glorifiziert, dann keine Gelegenheit ausgelassen, ihn öffentlich zu verdammen, um im Dezember 1792 in einem pathetischen *Letzten Wort an meine lieben Freunde* ihre Kritik zu widerrufen. Kaum hatte sie nun Philippe ein zweites Mal, wie schon 1788, ihre Werke gewidmet, da widerrief sie den Widerruf und schickte die Neuausgabe ihrer politischen Schriften mit einem hochdramatischen Begleitbrief an etliche Pariser Journalisten: *In den letzten Augenblicken ihres Lebens diktiert Madame de Gouges diese Zeilen.* [...] *Die Feinde des ehrlosen Philippe d'Orléans werden, wenn sie dieses Werk lesen, nicht versäumen zu sagen, er habe mich vergiftet. Er wäre dessen auch sicher fähig, doch bin ich selbst der Scharfrichter meiner Tage.* [...] *Ich habe die Dummheit besessen, meine Werke diesem bestechlichen Mann, dem ruchlosesten aller Perversen, zu widmen.*[3]

Ganz offensichtlich trieb sie Todesangst, den Mann, dem sie noch eben ihre Verehrung bezeugt hatte, nun aufs schärfste zu verdammen. Die Gerüchte, die über ihre jahrelangen Beziehungen zu dem Prinzen kursierten, waren für sie lebensgefährlich geworden. Doch welche Beziehung zwischen ihnen früher und im Laufe der Jahre wirklich bestand, wird für immer Olympe de Gouges' Geheimnis bleiben – allen posthumen Spekulationen zum Trotz. Daß sich in ihre schwankende Haltung Philippe gegenüber heftige persönliche Emotionen und enttäuschte Hoffnungen mischten, vermochten ihre zahllosen offenen Briefe, Vorworte und Anspielungen allerdings kaum zu verbergen. Philippe Egalité sollte Olympe de Gouges nur um drei Tage überleben: Am 6. November 1793 wird er wie sie auf der Place de la Révolution guillotiniert werden...

Gab es im Leben dieser leidenschaftlichen, nun fast fünfundvierzigjährigen Frau, die sich glaubhaft sieben Jahre jünger ausgab, noch Liebesaffären? Sie selbst hat sich dazu, wenn überhaupt, nur aus Rechtfertigungsgründen geäußert: *Die prüden Frauen, die in Wirklichkeit Intrigantinnen mit hundert Abenteuern sind, haben mir Liebhaber in der konstituierenden und gesetzgebenden Versammlung bis hin zum Konvent ange-*

dichtet. Sicherlich, ich mag einige Eroberungen gemacht haben, aber ich erkläre, daß keiner der Gesetzgeber die meine gemacht hat. Und selbstbewußt fügte sie hinzu: *Ohne mich mit einer falschen Tugend schmücken zu wollen, glaube ich, dazu freiheraus sagen zu können: Ich sehe da keine Männer, die meiner würdig wären.*[4]
Welche Provokation in den Zeiten der Männerherrlichkeit und Frauenverachtung!

In diesem Frühling 1793, als Brotmangel und Hunger die Pariser Frauen auf die Straßen trieb, als die Sansculottinnen mit Demonstrationen, Petitionen und Ladenstürmen die Einführung von Festpreisen für Getreide und Brot durchsetzten und bald darauf die Todesstrafe für Wucherer und Hamsterer, sah Olympe de Gouges ihre *der heiligen Humanität würdige, philosophische Revolution*[5] im Chaos gewaltsamer Volksaktionen untergehen. Es wäre ihr nicht in den Sinn gekommen, sich mit den Frauen des Volkes, die ums tägliche Brot kämpften, zu verbünden. Das waren nicht ihre Probleme, die Probleme einer ehrgeizigen, wohlhabenden Bürgerin, die das Leben einer »femme de lettres« führte! Und eine nur aufs Frausein bezogene weibliche Solidarität gab es damals noch nicht, weder zwischen den bürgerlichen Protagonistinnen wie Madame Roland, Théroigne de Méricourt, Olympe de Gouges noch zwischen den Frauen des Volkes, den Kleinhändlerinnen, Wäscherinnen und Marktfrauen.
So ist es nicht verwunderlich, daß Olympe de Gouges abseits stand, als sich am 12. Mai 1793 die »Gesellschaft der Revolutionären Republikanerinnen« konstituierte, eine der radikalen Linken und der Sansculottenbewegung verpflichtete Frauenvereinigung. Ihr vorrangiges Ziel war die Bewaffnung von Frauen, damit sie ebenso wie Männer die Republik verteidigen könnten. »Frauen des 6. Oktober [1789], kommt wieder heraus!« heißt es im Gründungsaufruf, »Kompanien von Amazonen aus unseren Vorstädten, aus Hallen und Märkten«! Als »Erkennungszeichen« sollten sie die Kokarde in den Nationalfarben tragen.[6]

Der Aufruf war von der fünfundzwanzigjährigen Pauline Léon unterzeichnet, der Tochter eines Pariser Schokoladenhändlers, die im März 1792 die Petition der dreihundert Frauen vor der Nationalversammlung verlesen hatte. Neben ihr agierte die ehemalige Schauspielerin Claire Lacombe, die erst im Jahr zuvor nach Paris gekommen war und nach der Erstürmung der Tuilerien am 10. August 1792 für ihre besondere Kühnheit ausgezeichnet wurde. Beide waren eng befreundet mit dem jungen Théophile Leclerc, einem Vertreter der äußersten Linken, der sogenannten »Enragés«; Pauline Léon wird ihn im November 1793 heiraten.

Die Revolutionären Republikanerinnen sollten in den folgenden Monaten großen politischen Einfluß gewinnen. Sie kooperierten von Anfang an mit dem Jakobinerclub und noch intensiver mit dem radikaleren Club der Cordeliers. Schon wenige Tage nach dem Gründungsaufruf forderten sie zusammen mit den Cordeliers schärfere Maßnahmen gegen Verdächtige, insbesondere gegen girondistische Abgeordnete – eine politische Zielrichtung, die auch die exponierte Parteigängerin der Gironde, Olympe de Gouges, bedrohte.

Frauenspezifische Themen standen bei den Revolutionären Republikanerinnen eher im Hintergrund. Doch brachten die geschätzten zwei- bis dreihundert Mitglieder des Clubs – Kleinhändlerinnen, Wäscherinnen, Soldatenfrauen und Mütter aus dem sansculottischen Milieu – die angestrebte Gleichberechtigung der Frauen in ihrer aufsehenerregenden Kleidung deutlich zum Ausdruck: Sie trugen rote Hosen und die generell Männern vorbehaltenen roten Jakobinermützen, und sie erklärten unmißverständlich, daß die Revolutionären Republikanerinnen »keine dienenden Frauen, keine Haustiere seien, sondern eine Phalanx zur Vernichtung der Aristokratie bilden würden«[7].

Waren es die Revolutionären Republikanerinnen, die die feministische Agitatorin Théroigne de Méricourt auf offener Straße verprügelten? Die Ex-Anhängerin der Cordeliers hatte im April mit Robespierre und der radikalen Linken gebrochen. Ein Polizeibericht vom 16. Mai meldete, sie sei Jakobi-

Diskussion in einem Frauenclub.

nerinnen in die Hände gefallen: »Die Frauen, die sich in der Umgebung des Nationalkonvents zusammenrotten, hatten gestern seit neun Uhr morgens eine Abteilung vor den Türen zu den ersten Tribünen aufgestellt, um die von den Deputierten begünstigten, mit einer Eintrittskarte versehenen Frauen am Eintreten zu hindern. Sie machten das mit aller möglichen Frechheit. Die Bürgerin Théroigne, von diesen Megären verprügelt, sagte ihnen, sie werde sie früher oder später ins Gras beißen lassen.«
Eine etwas andere Version brachte der »Courrier des Départements« vom 17. Mai: »Eine Heldin der Revolution hat vorgestern einen Mißerfolg auf der Terrasse des Feuillants erlitten. Mademoiselle Théroigne, so sagt man, versuchte Frauen anzuwerben, unglücklicherweise wandte sie sich an die Ergebenen Robespierres und Marats, die sie ergriffen und auspeitschten. Die Wache kam und entriß sie der Wut dieser Furien.«[8]
Sie soll nach dieser Demütigung wahnsinnig geworden sein. Oder hat man sie, um sich ihrer zu entledigen, in ein Irrenhaus gesteckt? Sicher ist nur, daß es Théroigne de Méricourts

politisches Ende war, daß sie 23 Jahre lang – von Anfang 1794 bis zu ihrem Tode 1817 – in verschiedenen Häusern für Geisteskranke verwahrt wurde.

Ob nun die neue »Frauenphalanx« für diesen Übergriff tatsächlich verantwortlich war oder nicht – sie sollte ihre Militanz ohnehin kurz darauf unter Beweis stellen: beim Vernichtungsschlag gegen die Gironde. Am 31. Mai liefen bewaffnete Sansculotten Sturm gegen den Konvent. Sie forderten die Verhaftung der Girondisten, wurden aber noch einmal abgewiesen. In der Nacht zum 2. Juni 1793 läuteten von neuem die Sturmglocken. Es heißt, daß Marat höchstpersönlich aufs Rathaus stieg und die Glocke in Gang setzte, um die Volksmassen gegen die Girondisten aufzubringen. Am Nachmittag ließ das Aufstandskomitee den Konvent durch 80.000 Nationalgardisten mit Kanonen umstellen. An allen Aktionen dieser Tage waren die Revolutionären Republikanerinnen maßgeblich beteiligt. Sie waren in die Vorbereitung und Koordination des Volksaufstandes einbezogen, hielten Wache vorm Tuilerienschloß, in das der Konvent erst vor drei Wochen umgezogen war, und verfolgten mit ihren Piken Girondisten, die zu fliehen versuchten.

Keiner der Deputierten durfte den Sitzungssaal verlassen. Als Präsident Hérault de Séchelles mit den Abgeordneten hinter sich erschien, um die Lage zu erkunden, befahl der junge Kommandant der Nationalgarde: »Kanoniere, an die Geschütze!« Die Gardisten brüllten »Her mit den Verrätern!« und entzündeten die Lunten. Durch die Seitenhöfe gab es kein Entkommen.

Nach einer Stunde des Zauderns beugte sich der Konvent der Gewalt: Er stellte die 29 girondistischen Abgeordneten und zwei Minister, die ausgeliefert werden sollten, unter Hausarrest. So stürzte die Gironde.

Olympe de Gouges erfuhr von den dramatischen Ereignissen erst, nachdem sie vorbei waren. Der Zufall wollte es, daß sie sich – wie beim Sturm auf die Tuilerien – nicht in Paris befand. Anfang Mai hatte sie sich in die Touraine begeben, um Erkundigungen über ihren Sohn einzuholen, der als Oberfeldwebel in der Vendée, an der Küste von La Rochelle, stationiert war. Seit längerem hatte sie nichts mehr von ihm gehört und befürchtete daher, er könnte tot oder schwerverwundet sein. In Tours, wo Pierre Aubry mit seiner Lebensgefährtin Marie-Anne Hyacinthe Mabille und seinen Kindern lebte, erfuhr sie, daß ihr Sohn wohlauf sei. Er habe sich aber gerade nach Paris begeben, um beim Konvent seine Beförderung zu erreichen.

Während Olympe in der Touraine auf seine Rückkehr wartete, entdeckte sie in dem Dorf Saint-Etienne-de-Chigny ein kleines Anwesen, das ihr so gut gefiel, daß sie den Plan faßte, es als Landhaus zu erwerben. Es lag am Hang eines Hügels über dem Loire-Tal, umgeben von Wiesen, Wald, Wein und Gärten, die gerade in verschwenderischer Maiblüte standen. Da sie seit Philippe Egalités Einkerkerung um ihre Sicherheit fürchtete und zu jener Zeit an einem Pamphlet arbeitete, bei dessen Veröffentlichung sie mit ihrer Verhaftung rechnen mußte, suchte sie wahrscheinlich auch einen Zufluchtsort. *Der Todeskampf der drei Regierungen* hieß der geplante Wandanschlag, auf dem sie eine Volksabstimmung über die Regierungsform in jedem Departement fordern wollte. Wer aber die im September 1792 vom Konvent proklamierte Formel »Die Französische Republik ist eins und unteilbar« antastete, wer in Wort oder Schrift die Errichtung einer anderen Regierung als der republikanischen anstrebte, dem drohte seit einem Gesetz vom 29. März die Todesstrafe.

In der zweiten Maihälfte kehrte Pierre Aubry nach Tours zurück, so daß die Begegnung zwischen Mutter und Sohn endlich stattfinden konnte. Doch Olympes Anwesenheit bereitete Pierre augenscheinlich wenig Freude. Schenkt man dem Zeugnis seines Kommandanten, des Generals Roussillon, Glauben, dann hat er sie eines Tages sogar aus seinem Haus gejagt. Ganz unwahrscheinlich ist es nicht, da Pierre Aubry seine Mutter sechs Monate später öffentlich verleugnen wird...

Olympe de Gouges war mit dem Besitzer des Gehöfts von Saint-Etienne-de-Chigny, einem Bäcker aus dem Nachbardorf, bereits kaufeinig geworden, als sie ihren Landaufenthalt unterbrach und Anfang Juni nach Paris zurückeilte. Offensichtlich hatte sie von der Verhaftung der Girondisten erfahren und konnte der Versuchung nicht widerstehen, ein letztes Mal ihre Stimme laut zu machen. Sie war entschlossen, ihr Pamphlet vom *Todeskampf der drei Regierungen* zu Ende zu bringen und ein *Politisches Testament* zu hinterlassen, bevor sie sich endgültig in ihr Landhaus zurückziehen würde.

Das *Testament* muß Olympe in fliegender Hast diktiert haben; es trägt das Datum vom 4. Juni 1793, also nur zwei Tage nach dem Untergang der Gironde. Darin ist viel von Tod und Ehre und dem Ruhm der Nachwelt die Rede: *O göttliche Vorsehung,* [...] *Du weißt, daß ich mir immer einen ruhmvollen Tod gewünscht habe!* [...] *Ihr Männer, irregeleitet von wahnsinnigen Leidenschaften, was habt ihr getan, und welche unberechenbaren Übel habt ihr über Paris, über ganz Frankreich angehäuft?* [...] *Ihr sucht den Hauptschuldigen? Das bin ich, schlagt zu. Ich bin es, die in meiner offiziösen Verteidigung Louis Capets die Milde des Siegers für einen entthronten Tyrannen predigte, gleich einer wahren Republikanerin.* [...] *Ich habe alles vorhergesehen, ich weiß, daß mein Tod unvermeidlich ist; aber wie ruhmvoll, wie schön für eine Seele von guter Herkunft ist es doch, für das Leben des Vaterlandes zu sterben, wenn allen guten Bürgern ein schändlicher Tod droht!*[9]

Beschwor sie so exzessiv ihren Tod, um noch einmal davonzukommen? Den Repräsentanten der Nation warf Olympe vor, *einunddreißig eurer ehrenwerten Kollegen persönlichem Haß geopfert* zu haben, doch verband sie die Kritik geschickt mit einer Distanzierung von den Girondisten: *Vergeblich werden mich die Intriganten des Einvernehmens mit jenen beschuldigen, die sie* Girondisten *nennen; sie wissen nur zu gut, daß ich weder eine öffentliche noch eine private Beziehung zu irgendeinem dieser Männer habe* – eine von Angst gezeichnete Verleugnung ihrer jahrelangen, durchaus bekannten Kontakte. Vor ihrem Tod, so die Autorin, wolle sie auch genaue Rechenschaft über ihre Vermögensverhältnisse ablegen. Im Jahre

1788 habe sie noch etwa 80.000 Livres, eingeschlossen die bewegliche Habe, besessen. Insgesamt 40.000 Livres habe sie für das öffentliche Wohl ausgegeben, so daß ihr heute nicht mehr als 15.000 Livres blieben. Mit viel Ironie und einem Quentchen Galgenhumor verteilte sie testamentarisch ihren restlichen Besitzstand – Immaterielles vor allem:

Mein Herz vermache ich dem Vaterland, meine Redlichkeit den Männern (sie haben sie nötig). Meine Seele den Frauen, ich mache ihnen kein belangloses Geschenk. Mein schöpferisches Genie den Dramatikern, es wird ihnen von Nutzen sein, besonders meine Logik des Dramenaufbaus dem berühmten Chénier. Meine Uneigennützigkeit den Ehrgeizigen, meine Lebensweisheit den Verfolgten, meinen Geist den Fanatikern, meinen Glauben den Atheisten, meine offenherzige Fröhlichkeit den Frauen in den Wechseljahren und all die armseligen Überbleibsel eines ansehnlichen Vermögens meinem natürlichen Erben, meinem Sohn, falls er mich überlebt.

Was nun meine Theaterstücke angeht, es sind ungefähr hundert Manuskripte vorhanden, so vermache ich sie der Comédie Française [...].

Zum Schluß ernannte sie keinen Geringeren als Danton zu ihrem Testamentsvollstrecker! Sie betonte ausdrücklich, daß sie ihr Testament nicht plakatieren, sondern direkt an die Jakobiner, das Departement, die Kommune und die Sektionen von Paris schicken werde.

Wenige Tage später, am 9. Juni, ließ Olympe dem Rumpfkonvent auch ein Exemplar ihrer neuaufgelegten »Politischen Schriften« zukommen. Im Begleitbrief bot sie den *Monstern, die nach Menschenblut dürsten*, erneut provozierend ihren Opfertod an – als wollte sie sich um Kopf und Kragen schreiben...

Fast allen verhafteten Girondisten – darunter Condorcet, Roland, Brissot und Mercier – gelang es zunächst, dem Hausarrest zu entfliehen. In den Departements, von denen zwei Drittel den Umsturz vom 2. Juni ablehnten, stellten sich einige der Girondeführer an die Spitze föderalistischer Erhebungen gegen Paris. In ganz Frankreich breitete sich der Bürgerkrieg aus. Nicht nur Royalisten und Katholiken, sondern auch Girondisten kämpften nun gegen die Pariser Regierung und gegen örtliche Jakobiner. Angesichts der tödlichen Bedrohung rückten »Berg« und »Bauch« im Rumpfkonvent fest zusammen. Es war der »Beginn der Jakobinerherrschaft«.

Olympe de Gouges hatte keinen Zweifel mehr, daß sie so schnell wie möglich aus Paris verschwinden mußte. Bereits am 1. Juli reiste sie erneut nach Tours, um beim Notar den Kaufvertrag für das Landhaus in Saint-Etienne-de-Chigny zu unterschreiben. Es kostete sie 10.500 Livres – den Rest ihres Vermögens.

Ein paar Tage später kehrte sie noch einmal nach Paris zurück, um den Druck und die Plakatierung ihres Pamphlets vom *Todeskampf der drei Regierungen* zu organisieren und ihren Umzug vorzubereiten. Am 13. Juli schrieb sie an ihren Notar: *Ich habe die Freiheit besessen, Monsieur, Ihnen einen Teil meiner Wertpapiere und Dokumente zu schicken, und bitte Sie, die Liebenswürdigkeit zu haben, sie mir bis zu meiner Ankunft in Tours aufzubewahren. Würden Sie bitte auch die Freundlichkeit besitzen, die Belange meines Landhauses mit dem Weinberg zu überwachen; ich weiß nicht, ob ich rechtzeitig zur Ernte dort sein werde. Ich bitte Sie, damit Ihren Bruder, den Pfarrer zu betrauen. Er ist ein guter Republikaner und wohnt näher als Sie an meinem Grundstück. Es wird ihm ein Vergnügen sein, meinen Weizen, die Erbsen, die Bohnen und alles, was mich bei meinem friedlichen Landleben ernähren soll, zu versorgen.*[10]

Dann brachte sie ihr Manuskript vom *Todeskampf der drei Regierungen* zum Drucker Longuet. Sie hatte den Titel geändert in *Die drei Urnen oder Das Heil des Vaterlandes, von einem Reisenden der Lüfte* und beabsichtigte, den Text in einer Auflage von fast einer Million zu verbreiten...

Am selben 13. Juli 1793 begab sich die fünfundzwanzigjährige Charlotte Corday d'Armont aus der Normandie zu der Wohnung Jean Paul Marats, einen Dolch im Gewand verborgen. Sie stammte aus altem Adel, war eine Nachkommin Corneilles und schien dessen römischen Tragödien entstiegen. Als Republikanerin im Sinne der rombegeisterten Girondisten wollte sie diese an ihrem vermeintlich größten Feind rächen: »Wer hat das Gesetz am 2. Juni getötet? Marat vor allem. Wenn der Mörder des Gesetzes tot ist, so wird der Friede wieder blühen. Der Tod eines einzigen wird das Leben aller bedeuten«, zitierte Michelet ihre Motive. Und er fügte hinzu: »Das war ihr einziger Gesichtspunkt. Um ihr eigenes Leben, das sie hinopferte, sorgte sie sich wenig.«[11]

Marat empfing seine Besucherin in der Badewanne liegend, den Kopf bandagiert wegen seiner Migräneanfälle. Sie traf ihn sofort tödlich. Als Charlotte Corday am 17. Juli, einem schwülen Tag mit heftigen Gewittern und sintflutartigen Regenfällen, zum Blutgerüst auf der Place de la Révolution gekarrt wurde, bewahrte sie beim Geschrei der Menge eine vollkommene Ruhe, und viele gab es, die von der »Reinheit ihrer Seele« – so der deutsche Beobachter Georg Forster – tief beeindruckt waren.

Der Konvent aber erhielt durch das Attentat am Vorabend des 14. Juli 1793 einen leuchtenden »Märtyrer der Freiheit«. Als größter unter den Sternen des revolutionären Panthéon wurde Jean Paul Marat zu einer Kultfigur der revolutionären Linken.

Ob Olympe de Gouges den Mord an dem ihr verhaßten Marat verurteilte, ist nicht bekannt. Bei ihren Attacken im Vorjahr hatte sie noch ausdrücklich betont: *Robespierre und Marat mögen sich Schmach und Schande aufgeladen haben, ihr Kopf muß dennoch unantastbar bleiben; sollten sie wirklich schuldig sein, so dürfen nur Recht und Gesetz über sie verfügen.* Nach der Gewalttat erwähnte sie lediglich in einem Brief den *ganz außergewöhnlichen Mut* von Charlotte Corday, die als *Belohnung für ihr Verbrechen* guillotiniert worden sei.[12]

Am Morgen des 20. Juli 1793, drei Tage nach Charlotte Cordays Hinrichtung, ging Olympe de Gouges mit ihrem Verleger, dem Buchhändler Costard, zu dem Plakatierer Meunier in der Rue de la Huchette. Es war verabredet, daß Meunier an diesem Tag einige hundert Exemplare ihres Pamphlets *Die drei*

Urnen in ganz Paris plakatieren sollte. Doch überraschend erklärt Meunier seiner Auftraggeberin, daß er die Arbeit nicht machen könne, da wegen der Hitze weitere Gewitter drohten. Ein wenig ratlos, aber ohne Verdacht zu schöpfen, verlassen Olympe und der Buchhändler das Haus, um einen anderen Plakatierer zu suchen. Auf der Brücke Saint-Michel spricht Costard einen offenbar untätigen Hausierer an. Der erklärt sich auch sofort bereit, die Aufgabe zu übernehmen. In diesem Augenblick zeigt eine junge Frau, die nur wenige Schritte entfernt mit zwei Kommissaren und Nationalgardisten zusammensteht, auf das Trio. Es ist die Tochter des Plakatierers Meunier. Schon sieht Olympe, wie die Gendarmen auf sie zukommen. Für eine Flucht ist es zu spät. Die drei werden verhaftet.[13]

Man bringt sie zum Rathaus, wo zunächst der Hausierer verhört und anschließend freigelassen wird. Dann nehmen die Polizisten den Buchhändler Costard in die Mangel. Sie wollen vor allem wissen, woher das Pamphlet mit dem Titel *Die drei Urnen* stammt. Die Namen des Autors und des Druckers sind nämlich auf den Plakaten nicht vermerkt. Costard sagt aus, er habe mit der Angelegenheit weiter nichts zu tun, als im Auftrag der Bürgerin Olympe de Gouges ein Exemplar dem Präsidenten des Wohlfahrtsausschusses und ein weiteres dem neuen Ausschußmitglied Hérault de Séchelles – dem das Pamphlet übrigens gewidmet war – zu übermitteln. Daraufhin wird auch Costard freigelassen.

Olympe beginnt ungeduldig zu werden. Sie besteht darauf, sich schriftlich bei dem Richter des Wohlfahrtsausschusses, einem gewissen Marinon, über ihre Festnahme zu beschweren. Nachdem dieser ihren Rechtfertigungsbrief erhalten hat, eilt er ins Rathaus, um persönlich am ersten Verhör teilzunehmen.

Nach Olympes späterer Schilderung scheint sich Marinon der Beschuldigten gegenüber wenig freundlich verhalten zu haben: *Ich fand mich einem brüllenden Löwen gegenüber, einem reißenden Tiger, einem Rasenden, den vernünftige Argumente nur weiter aufstachelten.* Sie gibt sofort zu, die Autorin des

beschlagnahmten Pamphlets zu sein. Als man sie nach ihren Kontakten befragt, leugnet sie, Brissot und Roland zu kennen, gibt aber zu, vor kurzem mit den Schriftstellern Mercier und Cubières sowie dem Friedensrichter des Pont-Neuf, Nicolas Thilly, diniert zu haben. Nach drei Stunden schließlich, so die Autorin, gebietet Marinon *in der Pose eines Inquisitors seinen Schergen: »Nehmt Madame in strengen Gewahrsam! Sorgt dafür, daß niemand mit ihr reden kann!«*[14]
Olympe de Gouges' Schicksal nimmt seinen Lauf.

13
»Meine Stimme wird sich aus des Grabes Tiefe Gehör verschaffen!«

Die Revolution frißt ihre Kinder

Am Tag, als Robespierre an Stelle Dantons in den Wohlfahrtsausschuß gewählt wurde, begann die schauderhafteste Zeit der Französischen Revolution, jenes eine Jahr der »Terreur«, der jakobinischen Schreckensherrschaft, der auch Olympe de Gouges zum Opfer fallen sollte. Es war der 27. Juli 1793, genau eine Woche nach Olympes Verhaftung. Sie hatte noch drei Monate und acht Tage zu leben.

Am Nachmittag des 22. Juli war sie aus ihrer Zelle geholt worden, um bei der Durchsuchung ihrer Wohnung in der Rue de Harlay, in die sie erst vor kurzem umgezogen war, zugegen zu sein. Eingerahmt von Polizisten, stieg sie die Treppe zum ersten Stock hinauf. Ein Kommissar klopfte ihre Dienerin heraus. Man durchsuchte das Appartement ohne Ergebnis. Olympe selbst verriet schließlich durch ihre Redseligkeit, daß sich all ihre Schriften im dritten Stock in einer Kammer befänden, die ihr zusätzlich als Büro diente.

Jedes Papier, das in ihre Hände fiel, war ein neuerlicher Beweis meines Patriotismus und meiner Liebe für die Sache des Volkes, berichtete Olympe später auf einem Wandanschlag. Sie konnte es sich nicht anders vorstellen. *Die Kommissare, die erst gegen mich eingenommen waren, waren erstaunt, alles zu meiner Entlastung zu finden, und brachten es nicht übers Herz, alles amtlich zu versiegeln; sie konnten nicht umhin, in ihrer Niederschrift zuzugeben, daß meine Papiere, Manuskripte und Drucksachen nichts als Patriotismus und Republikanismus ausdrückten.*[1]

Es wurden etliche Schriften beschlagnahmt. Spätabends brachte man Olympe strengbewacht in ihre Zelle zurück. Ein paar Tage später wurde sie in das Abbaye-Gefängnis in

Saint-Germain-des-Prés verlegt. Mit Entsetzen sah sie, daß an den Wänden ihrer Zelle noch das Blut der Mordopfer vom September klebte. Hastig schrieb sie einen Protestbrief an Danton und verlangte, sofort vernommen und freigelassen zu werden. Man leitete ihren Brief an das zuständige Komitee weiter.
Nachdem sie sich auch bei dem Öffentlichen Ankläger Fouquier-Tinville über ihre ungerechtfertigte Haft beschwert hatte, fand am Abend des 6. August 1793 ein Verhör im öffentlichen Sitzungssaal des Revolutionstribunals statt. Außer zwei Richtern nahm Fouquier-Tinville persönlich daran teil. Man forderte sie auf, zu ihrem Pamphlet *Die drei Urnen oder Das Heil des Vaterlandes, von einem Reisenden der Lüfte* Stellung zu beziehen. Olympe erklärte, aus Bescheidenheit ihre Autorenschaft verschwiegen zu haben. Als man ihr mitteilte, sie sei wegen einer Anzeige des Plakatierers festgenommen worden, zeigte sie sich überrascht. Sie habe doch selbst dafür gesorgt, daß ein Exemplar der *Drei Urnen* dem Wohlfahrtsausschuß übermittelt würde.
Ankläger Fouquier-Tinville kam zum Inhaltlichen. Mit Nachdruck verwies er darauf, daß die Repräsentanten des Volkes die Regierungsform Frankreichs per Gesetz festgelegt hätten: »Als Republik, eins und unteilbar!« Er sprach die Worte beinahe feierlich aus. Nach einer bedeutungsvollen Pause fügte er streng hinzu: »Sie hätten das Gesetz vom 29. März zur Verteidigung gegen Versuche, das Königtum in Frankreich wiederherzustellen, kennen müssen!«
»Mein Pamphlet war fertig, bevor dieses Gesetz beschlossen wurde«, antwortete Olympe de Gouges dreist, ohne sich um die Tatsachen zu kümmern. »Die Spaltung der Parteien, die in den Departements Zwietracht gesät hatte, ließ mich einen Bürgerkrieg befürchten [...]. Als ich ›Die drei Urnen‹ plakatieren lassen wollte, sprachen die Aufständischen der Hauptstädte wie Bordeaux, Lyon, Marseille, Toulouse und Le Calvados davon, nach Paris zu marschieren, und trafen bereits Vorbereitungen [...].«
»Weit entfernt davon, vor dem Bürgerkrieg zu warnen«, ent-

gegnete Fouquier-Tinville scharf, »hat ihn Ihr Plakat ganz im Gegenteil geschürt!«[2]

Zweifellos stellte Olympe de Gouges' Pamphlet die Legitimität einer zentralen republikanischen Regierung in Frage. Sie lieh sich sogar die Stimme eines Gottes, um ihren föderalistischen Ideen die Weihe einer höheren Autorität zu verleihen:

Mir ist so, als würde ein barmherziger Gott meine Gedanken beflügeln ... Hört, was er mir zuruft, und merkt euch diese Worte [...] *Es soll also das Los der Franzosen sein, daß sie ihre Wahl frei treffen und sich eine Regierung geben, die ihrem Charakter, ihren Sitten und ihrem Klima gemäß ist.* [...] *Die Departements sollen den ausdrücklichen Auftrag erhalten, Primärversammlungen einzuberufen. Auf dem Tisch des Präsidenten sind drei Urnen aufzustellen, die die folgenden Inschriften tragen: ›Republikanische Regierung, eins und unteilbar‹; ›föderative Regierung‹; ›Monarchie‹. Namens des bedrohten Vaterlandes wird der Präsident die freie und persönliche Wahl einer dieser drei Regierungen eröffnen.* [...]

Jener Regierungsform, die die Mehrheit der Stimmen auf sich vereinigt, wird in einem feierlichen Eid Gehorsam gelobt. [...] *Die Aufwiegler werden sich in alle Winde zerstreuen, die feindlichen Mächte werden um Frieden bitten, und die ganze Welt wird überrascht und voller Bewunderung ausrufen: Die Franzosen sind unbesiegbar!*

So ist es, ihr Bürger, ein Gott hat aus meinem Munde zu euch gesprochen [...][3]

Die Plakatierung solcher Ideen, auf die die Todesstrafe stand, mußte den Jakobinern in diesen krisenhaften Wochen als unerhörte Provokation erscheinen. Es war, als hätte Olympe de Gouges Öl in ein brennendes Haus gegossen und ihr Tun dann als Löschen bezeichnet. Und das Haus Frankreich brannte lichterloh. Im Innern wütete der Bürgerkrieg, an den Grenzen drangen die gegen Frankreich marschierenden preußischen, österreichischen, britischen, spanischen und sardinischen Truppen vor. Der Juli 1793 war, so der Historiker Ernst Schulin, die kritischste Zeit der Französischen Revolution

überhaupt: Daß Frankreich damals nicht zusammenbrach, sei kaum zu erklären.
Die »Schreckenszeit« begann zunächst langsam, noch arbeitete die Mordmaschine auf der Place de la Révolution zögerlich. Vier Tage nach Olympe de Gouges' erstem Verhör vor dem Revolutionstribunal beging Paris das »Fest der Einheit und Unteilbarkeit der Republik«. An diesem 10. August 1793, dem Jahrestag des Sturzes der Monarchie, wurde feierlich die Annahme der neuen republikanischen Verfassung verkündet. Delegierte aus den Departements überbrachten dem Konvent eine Petition: »Der Augenblick ist gekommen, der Welt ein großes Beispiel zu geben. Möge das Volk sich in Massen erheben. Seid schrecklich, aber rettet die Republik!«[4]
Fünf Tage später prangten an den Mauern von Paris Hunderte von roten Plakaten mit dem Titel *Olympe de Gouges vor dem Revolutionstribunal*. Es war ihr gelungen, das Pamphlet aus dem Gefängnis zu schmuggeln. *Furchtbares Tribunal*, war dort zu lesen, *Ignoranz und Böswilligkeit habe ich es zu verdanken, daß ich nun vor dir stehe.* [...] *Ihr Apostel der Anarchie und der Gewalt, ihr konntet mir nicht verzeihen, daß ich die Menschheit stets vor euch gewarnt habe.*
Ach, hätte sie nur ein einziges Mal ihr unstillbares Bedürfnis, sich als Opfer schändlicher Machenschaften darzustellen und ihre Gegner wüst zu beschimpfen, zurückgehalten! Wieder nannte sie Robespierre einen *vom Ehrgeiz getriebenen Emporkömmling*, einen *Feigling* und *Tyrannen* mit *wahnsinnigem und blutrünstigem Geltungsdrang*, der nur begierig darauf warte, an ihr Rache zu üben. Das Revolutionstribunal beleidigte sie als *verbrecherisches Blutgericht* und als *teuflischen Ort, wo Furien das Gift des Zwistes ausspeien*. Und spöttisch fügte sie hinzu: *Euer Zögern, was mein Todesurteil betrifft, wird mir eines Tages interessanten Stoff für ein Drama liefern.*[5]
Doch die öffentlich angeschlagene Provokation ging ins Leere, Robespierre und Fouquier-Tinville reagierten nicht. Fast wundert man sich darüber, daß Olympe de Gouges trotz all ihrer Schmähschriften noch einige Monate am Leben bleiben sollte.

Sie fuhr fort, Beschwerdebriefe zu schreiben, über ihre Gesundheit und den Schmutz im Gefängnis zu klagen, die Behandlung ihres entzündeten Knies – die Folge eines Sturzes am Tag vor ihrer Festnahme – zu verlangen. Zermürbt von der Flut ihrer Eingaben, ließ Fouquier-Tinville sie schließlich in die Krankenabteilung des Frauengefängnisses La Petite-Force überstellen. Dort teilte sie die Zelle mit einer jungen, zum Tode verurteilten Frau, die ihr anvertraute, sie simuliere eine Schwangerschaft, um der Urteilsvollstreckung zu entgehen. Eine List, der sich Olympe bei ihrem letzten Auftritt vor Gericht bedienen wird...

Außerhalb der Gefängnismauern verwandelte sich die Republik in eine »belagerte Festung«. So formulierte es der Konvent selbst, als er am 23. August 1793 die große »Levée en masse«, das Allgemeine Volksaufgebot, verkündete: Alle, ob jung oder alt, ob Männer, Frauen oder Kinder, sollten das Vaterland retten.

Da griff erneut die Pariser Volksbewegung, und mit ihr die Revolutionären Republikanerinnen, gewaltsam in das politische Geschehen ein. Nach Hungerunruhen am 4. September umstellten tags darauf bewaffnete Sansculotten den Konvent, um ihn zu radikalerem Durchgreifen zu zwingen. Man rief: »Gesetzgeber! Setzt den Terror auf die Tagesordnung!« Man verlangte die Verhaftung der Verdächtigen, die Säuberung der Ausschüsse. Und der Konvent gehorchte. Neue Terrorgesetze wurden verkündet. Das »Verdächtigen«-Gesetz vom 17. September erlaubte jede willkürliche Verhaftung. Überwachung und Denunziation nahmen tagtäglich zu.

Drangen die Schreckensnachrichten durch die Mauern des Frauengefängnisses La Petite-Force? Erreichten sie die Zelle und den kleinen Tisch, an dem Olympe de Gouges saß und unermüdlich neue Bittschriften an Fouquier-Tinville richtete? Sie machte einfach weiter wie immer, als hätte sie von den Jakobinern nichts zu befürchten. Es gelang ihr ein zweites Mal, ein Pamphlet aus dem Gefängnis hinauszuschmuggeln. Der Polizeispion Latour-Lamontagne meldete in seinem Bericht vom 21. September 1793: »Alle Mauern von Paris sind mit einem Plakat der Bürgerin Olympe de Gouges beklebt, die sich über ihre lange Haft beklagt und die Öffentlichkeit an ihre Dienste erinnert, die sie dem Vaterland erwiesen habe. [...] Dieses Plakat erregt keinerlei Aufsehen, die Leute bleiben einen Moment stehen, sagen: ›Ah, das ist wieder die De Gouges‹ und gehen weiter...«[6]

Es war der Tag, an dem der Konvent einer Forderung der Revolutionären Republikanerinnen nachgab und alle Frauen verpflichtete, in der Öffentlichkeit die blau-weiß-rote Kokarde zu tragen. Mit diesem politischen Erfolg hatte der Frauenclub auch ein Stück staatsbürgerlicher Gleichberechtigung durchgesetzt: denn die Männer waren schon seit längerem zum Tragen der Kokarde oder der roten Jakobinermütze gesetzlich verpflichtet. Seit Wochen hatte es wegen dieser Frage heftige Auseinandersetzungen zwischen den verschiedenen Frauengruppen gegeben. Viele Marktfrauen, Kleinhändlerinnen und die als royalistisch bekannten »Fischweiber« lehnten eine Zurschaustellung revolutionärer Gesinnung als geschäftsschädigend ab. In den Berichten der Polizeibeobach-

Sansculottin und Sansculotte.

ter ist wiederholt von Schlägereien zwischen den Frauen, von Mißhandlungen, Straßenaufläufen und leidenschaftlichen Diskussionen über die Rolle der Frau die Rede. Zu keinem anderen Zeitpunkt der Revolution bewegte das Thema Gleichberechtigung dermaßen die Gemüter.

Olympe de Gouges nahm an diesen Frauenkämpfen keinen Anteil mehr. Vielleicht hat sie im Gefängnis gar nichts über den »Kokardenkrieg« erfahren. Doch auch vor ihrer Verhaftung hat sie sich zu den Revolutionären Republikanerinnen und ihren Zielen nicht geäußert. Um so seltsamer mutet es an, daß sich Olympe bei ihrer letzten Verteidigungsrede vor dem Revolutionstribunal angeblich als Gründerin dieser *beliebten Frauengesellschaft* ausgab – eine Behauptung, die dazu führte, daß Olympe de Gouges nach ihrem Tod als Initiatorin und Organisatorin von Frauenclubs galt. Sollte sie dem Gericht tatsächlich dieses Märchen aufgetischt haben, dann gewiß in dem Glauben, es könnte für ihre Verteidigung günstig sein. Olympe konnte nicht ahnen, daß sich kurz vor ihrer Verurteilung ein antifeministischer Wirbelsturm zusammenbraute, der mit der Gesellschaft der Revolutionären Republikanerinnen auch alle anderen Frauenclubs hinwegfegte...

Aber noch war es nicht soweit. In jenen frauenbewegten Septembertagen, als die Leute gleichgültig an Madame de Gouges' neuestem Plakat vorübergingen, protestierte die Gefangene verzweifelt in Briefen an Fouquier-Tinville und an die Mitglieder der 48 Pariser Sektionen gegen ihre Haft. Sie scheint wegen ihres Schicksals fast von Sinnen gewesen zu sein. Ende September brachte man die Verstörte in das Sanatorium der Bürgerin Mahaye, eine Pension für kranke Häftlinge. Um sich den Aufenthalt dort leisten zu können, mußte Olympe ihren Goldschmuck und Brillanten versetzen. In dieser Anstalt konnte sie sich relativ frei bewegen und faßte neuen Lebensmut. Der Biograph Olivier Blanc vermutet sogar – und spielt auf ihre angebliche Schwangerschaft an –, »daß die schöne Olympe Trost und Zuspruch in den Armen eines der Gefangenen gefunden hat«[7]. Das ist natürlich pure Spekulation; sicher ist, daß ihr noch vier ruhige Wochen vergönnt waren, bevor Fouquier-Tinville sie in das »Vorzimmer des Todes« holte...

Währenddessen spitzten sich die Auseinandersetzungen zwischen den Marktfrauen und den Revolutionären Republikanerinnen weiter zu. In dieser angespannten Situation traf es die radikalen Frauen hart, daß ihr wichtigster Bündnispartner, die Enragés, im Konflikt mit dem Konvent den kürzeren zog und aufgab. Pauline Léons Verlobter Leclerc stellte das Erscheinen seines Blattes ein und entsagte der Politik. Auch die Cordeliers wandten sich nun von den Revolutionären Republikanerinnen ab, und am 6. Oktober wurde eine Abordnung des Frauenclubs im Konvent mit einem Pfeifkonzert empfangen. Das politische Klima schlug spürbar zuungunsten der selbstbewußt agierenden Frauen um.

Im Oktober begannen auch die großen Schauprozesse. Den Anfang machte die Verurteilung Königin Marie Antoinettes, die am 16. Oktober guillotiniert wurde. Dann folgten die Girondisten, soweit man diese gefaßt hatte. Als Föderalisten und Hochverräter angeklagt, hielten sie glänzende Verteidigungsreden. Daraufhin erließ der Konvent ein Gesetz, das es erlaubte, die Verhandlung eines Falles nach drei Tagen zu beenden. Den Girondisten wurde das Wort abgeschnitten, und die »Einundzwanzig« wurden zum Tode verurteilt. Auf dem Weg zur Hinrichtung sangen sie die Marseillaise. Brissot war darunter und Vergniaud, der ehemalige Präsident der Nationalversammlung. Bevor er in jener Nacht zum 31. Oktober als vorletzter guillotiniert wurde, sprach er die legendären Worte: »Die Revolution, gleich Saturn, frißt ihre eigenen Kinder!«

Die Girondisten waren die ersten dieser Kinder. Manon Roland, nach dem Sturz der Gironde im Juni 1793 verhaftet, bestieg am 8. November das Blutgerüst. Als ihr Mann, der in die Nähe von Rouen geflohen war, von ihrem Tod erfuhr, erstach er sich. Und Condorcet, der fünf Monate später gefaßt wurde, vergiftete sich im Kerker.

Erst jetzt begann die Guillotine ihre furchtbare Herrschaft. Immer häufiger rumpelten über das holprige Pflaster die Todeskarren zur Place de la Révolution. Im November stieg die

Zahl der Hinrichtungen um das Fünffache – von bisher hundert im Monat auf fast fünfhundert, im Dezember auf dreitausenddreihundert...
Kurz vor der Exekution der einundzwanzig Girondisten war auch die Anklageschrift der »Marie Olympe de Gouges, Witwe Aubry« fertig. Am 28. Oktober 1793 befahl Fouquier-Tinville, die Verfasserin zahlloser schriller Pamphlete in die Conciergerie zu bringen, in jenes finstere Verlies, das der Volksmund »Vorzimmer des Todes« nannte. Bei ihrer letzten Verteidigungsrede vor dem Revolutionstribunal am 2. November gelang es Olympe noch einmal, das Publikum auf den Tribünen in ihren Bann zu ziehen: *Ich bin eine Frau*, rief sie aus. *Ich fürchte den Tod und eure Marter. Aber ich habe kein Schuldbekenntnis zu machen. Aus der Liebe zu meinem Sohn werde ich Mut schöpfen. Sterben, um seine Pflicht zu erfüllen, heißt seine Mutterschaft über das Grab hinaus zu verlängern!*[8]
Erfuhr Olympe bei dieser letzten Verhandlung vorm Tribunal, daß seit drei Tagen alle Frauenclubs verboten waren? Vielleicht hat man sie hämisch darauf hingewiesen, als sie sich der Gesellschaft der Revolutionären Republikanerinnen rühmte. Aber vielleicht hat sie den Club auch gar nicht erwähnt und von diesem schweren Schlag gegen die Frauen nichts mehr gehört. Weder in der Anklageschrift noch in der Urteilsbegründung findet sich irgendein Bezug zu ihrem frauenpolitischen Engagement oder gar zu ihrer Erklärung der Frauenrechte. Sie wurde wegen »Verletzung der Volkssouveränität« zum Tode verurteilt.
Der traurige Schluß ist bekannt: Olympe auf dem Schafott, an einem kalten, verregneten Novembernachmittag.
In einem ihrer letzten Pamphlete an den Mauern von Paris hatte sie prophezeit: *Meine Stimme wird sich noch aus des Grabes Tiefe Gehör zu verschaffen wissen.*
Sie sollte recht behalten.

Epilog oder Der Sieg des Antifeminismus

Nachzutragen bleibt: Olympe de Gouges' Sohn Pierre Aubry befand sich in Tours, als seine Mutter guillotiniert wurde. Nachdem er vom Todesurteil des Revolutionstribunals erfahren hatte, ließ er am 14. November 1793 an allen Ecken der Stadt sein »Bekenntnis der Bürgertreue« anschlagen. Darin beklagte er, daß er seinen Posten verloren habe, nur weil er der Sohn dieser De Gouges sei. Doch er teile ihre Ansichten nicht und habe sie auch seit fünfzehn Monaten kein einziges Mal gesehen. Er versicherte, daß ihr Blut zu Recht auf dem Schafott geflossen sei und »daß er sich glücklich schätze, seine Mutter dem Vaterland geopfert zu haben [...]«.[1]
Dieser Sohn, der seinen Kopf zu retten versuchte, indem er sich von seiner getöteten Mutter lossagte, sollte die Schrekkensherrschaft tatsächlich überleben. 1795, nach dem Ende des Mordens, forderte er den Konvent auf, Olympe de Gouges zu rehabilitieren, und nahm wieder den Namen seiner Mutter an. Doch der Ruf eines Verräters hing Pierre Aubry de Gouges noch lange an, so daß seine Militärkarriere stagnierte. Schließlich gelang es ihm 1801, ein Kommando als »Brigadechef« in den Kolonien zu erhalten, und er verließ das Land...
Und noch etwas bleibt nachzutragen: der bittere Sieg des Antifeminismus in den Tagen vor und nach Olympe de Gouges' Tod. Das Verbot des Clubs der Revolutionären Republikanerinnen und aller Frauenvereinigungen bedeutete, daß den Frauen auch jene politischen Rechte wieder genommen wurden, die während der Französischen Revolution selbstverständlich geworden waren: sich an politischen Aktionen zu beteiligen, sich in eigenständigen Organisationen zusammenzuschließen und in Petitionen ihre Forderungen vorzubringen. Damit sollte nun Schluß sein. Diese schokkierende politische Entmachtung der Frauen im fünften

Jahr der Revolution hat Olympe de Gouges nicht mehr erlebt.
Als Vorwand mußten die Zusammenstöße zwischen den »Damen der Hallen« und den Kokardenträgerinnen herhalten, vor allem ein Zwischenfall in der Sektion Réunion am 28. Oktober. Dort waren die Revolutionären Republikanerinnen offenbar gezielt in eine Falle gelockt worden. Die Sektion hatte sie eingeladen, an der feierlichen Einweihung zweier Büsten von Freiheitshelden teilzunehmen. Doch als die Clubfrauen mit ihren »Attributen« – »einem Auge der Wachsamkeit, einer Fahne und vier Piken«[2] – erschienen, wurden sie beschimpft, bedroht, mißhandelt und einige von ihnen lebensgefährlich verprügelt. Die Sicherheitskräfte der Sektion schützten die Frauen nicht.
Schon am nächsten Tag forderte eine Abordnung ihrer Gegnerinnen den Konvent auf, den Frauenclub aufzulösen. Das Verbotsdekret folgte auf dem Fuße, als wäre das Ganze ein abgekartetes Spiel gewesen. Im Namen des Sicherheitsausschusses begründete der Montagnard Amar am 30. Oktober den Verbotsantrag. Es war eine lange Grundsatzrede, in der es aber bezeichnenderweise überhaupt nicht um politische Ziele oder Taten der revolutionären Frauen ging, sondern ausschließlich um die »Naturbestimmung« der Frau – genauso wie es Rousseau in seinem »Emile« gepredigt hatte.
»1. Dürfen Frauen politische Rechte ausüben und sich in Regierungsangelegenheiten einmischen? [...] Sind die Frauen für diese Bedürfnisse und Fähigkeiten, die sie erfordern, geeignet? Man kann ganz allgemein mit nein antworten. [...] Besitzen die Frauen die moralische und physische Kraft, die die Ausübung des einen wie des anderen dieser Rechte erfordert? Weltweit wird diese Auffassung verworfen.
2. Dürfen sich die Frauen in politischen Vereinigungen versammeln? [...] Können sich Frauen diesen nützlichen und mühseligen Aufgaben hingeben? Nein, weil sie dann dazu gezwungen wären, wichtigere Aufgaben, zu denen die Natur sie ruft, dem zu opfern. Diese häuslichen Aufgaben, zu denen Frauen von Natur aus bestimmt sind, gehören selbst zur all-

gemeinen Ordnung der Gesellschaft. Diese soziale Ordnung resultiert aus dem Unterschied, der zwischen Mann und Frau besteht. [...] Im allgemeinen sind Frauen kaum zu hohen Vorstellungen und ernsthaftem Nachdenken fähig. [...] Die Zurückgezogenheit [ist die] Quelle aller Tugenden ihres Geschlechts. [...] Wir glauben also, daß eine Frau nicht ihre Familie verlassen darf, um sich in Regierungsgeschäfte einzumischen. [...] Wir glauben also, und Ihr werdet zweifellos denken wie wir, daß es nicht möglich ist, daß Frauen politische Rechte ausüben. Vernichtet also diese angeblichen Volksgesellschaften von Frauen, die der Adel nur schuf, um [...] Unruhe zu stiften.«

Es gab nur eine schüchterne Gegenrede. Man könne den Frauen dieses allen denkenden Wesen gemeinsame Recht, sich friedlich zu versammeln, nicht entziehen, lautete der Einspruch des Abgeordneten Charlier; es sei denn, man stelle in Frage, daß die Frauen ein Teil des Menschengeschlechts sind. Daraufhin konterte der Deputierte Basire: »Es stellt sich einzig und allein die Frage, ob Frauengesellschaften gefährlich sind. Die Erfahrung der vergangenen Tage hat gezeigt, wie sie der öffentlichen Ruhe abträglich sind.«[3] Das von Amar beantragte Dekret wurde einmütig angenommen.

Dem Verbot der Frauenclubs folgte eine publizistische Hetzkampagne gegen politisch aktive Frauen überhaupt. Verschiedene Zeitungen bedienten sich nun der Todesurteile gegen Marie Antoinette, Olympe de Gouges und Manon Roland, um an ihrem Beispiel jedwede politische Betätigung von Frauen als entartet zu verdammen. Da schrieb der »Moniteur« am 17. November: »Olympe de Gouges, geboren mit einer überspannten Phantasie, hielt ihre Wahnvorstellungen für eine Eingebung der Natur. Anfangs faselte sie nur ungereimtes Zeug daher, doch schließlich beteiligte sie sich an dem Vorhaben der Verräter, die Frankreich zu spalten drohten. Sie wollte ein Staatsmann sein: es hat den Anschein, als habe das Gesetz diese Verschwörerin dafür bestraft, daß sie die Tugenden, die ihrem Geschlecht eigen sind, vergaß.«

Auch Madame Roland hielt der »Moniteur« vor, sie habe sich über ihre Natur erheben wollen: »Das Verlangen, eine Wissenschaftlerin zu sein, führte sie dazu, die Tugenden ihres Geschlechts zu vergessen, und dieses Vergessen, das immer gefährlich ist, endete damit, daß sie auf dem Schafott zugrunde ging.«[4]
Es war, als sollten diese Frauen, die gleich Männern zum Tode verurteilt und hingerichtet worden waren, nachträglich noch ein zweites Mal aufs Schafott geschickt werden – diesmal für ihr Frausein. Für das tödliche Vergehen, als Frauen an Politik und Wissenschaft überhaupt teilgehabt zu haben. Mit Hilfe dieser infamen ideologischen Hinrichtung wurde es möglich, den tiefgreifenden Anteil der Frauen an der Revolution zu verleugnen. Und zugleich hatte man ein wirksames Abschrekkungsinstrument, um die Frauen an Heim und Herd zurückzuschicken.
Zwei Wochen nach Olympe de Gouges' Tod wurde im Pariser Stadtrat eine Bürgerabordnung vorstellig, an deren Spitze sich Frauen mit roten Jakobinermützen befanden. Auf den Zuschauertribünen verbreitete sich Unruhe. Man schrie: »Runter mit der Jakobinermütze, Frauen!« Der Lärm nahm zu. Stadtratspräsident Pierre Gaspard Chaumette unterbrach die Sitzung und rief die Tribünen zur Ordnung. Als wieder Ruhe eingekehrt war, ergriff er das Wort und hielt eine lange demagogische Rede, die neben der Amars als »Klassiker« des Antifeminismus in die Geschichte einging:
»Ich verlange das Mißfallen, das soeben zu hören war, im Protokoll lobend zu vermerken, denn es handelte sich um eine Würdigung der Sitten. Es ist schrecklich und gegen alle Gesetze der Natur, daß sich eine Frau zum Mann machen will. Der Generalrat muß sich in Erinnerung rufen, daß diese widernatürlichen Frauen, diese Mannweiber es waren, die unlängst mit Jakobinermützen durch die Hallen rannten, dieses Freiheitszeichen beschmutzten und alle Frauen zwingen wollten, ihre eigene bescheidene Kopfbedeckung abzulegen. Der Saal, in dem die Vertreter des Volkes beraten, muß

jedem Individuum verboten werden, das die Natur gröblich beleidigt.«

Ein Ratsmitglied warf ein, daß das Gesetz es den Frauen erlaube, angehört zu werden, doch Chaumette konterte barsch: »Seit wann ist es erlaubt, seinem Geschlecht abzuschwören? Seit wann ist es schicklich, Frauen die frommen Sorgen ihres Haushalts, die Wiege ihrer Kinder aufgeben zu sehen, um auf die öffentlichen Plätze, auf die Volkstribünen, an die Schranken des Senats zu eilen?« Stürmischer Beifall beflügelte seine Rede. Und als der Stadtratsvorsitzende deklamierte: »Schamlose Frauen, die ihr Männer werden wollt, wurde euch nicht gerecht zugeteilt? Was braucht ihr mehr?«, nahmen die rotbemützten Frauen das revolutionäre Symbol von den Haaren und ersetzten es durch die traditionelle weibliche Kopfbedekkung.

Chaumette bemerkte die Geste und kommentierte sie hämisch, bevor er zum letzten Schlag ausholte: »Erinnert euch an diese hochmütige Frau eines dummen und perfiden Ehemannes, die Roland«, drohte er, »die sich auserkoren sah, die Republik zu regieren, und die in ihr Verderben rannte; erinnert euch an die schamlose Olympe de Gouges, [...] die die Hausarbeit aufgab, um sich in die Regierung einzumischen, und deren Kopf unter dem rächenden Eisen des Gesetzes gefallen ist. [...] Ihr möchtet sie imitieren? Nein, Ihr spürt wohl, daß Ihr nur dann interessant und der Achtung würdig seid, wenn Ihr das seid, was die Natur wollte, das Ihr seid.«[5]

Er hatte genug gesprochen. Genug, um die Anhörung der Bürgerinnen im Stadtrat, bis dahin eine Alltäglichkeit, zu verweigern. Genug, um zu fordern, daß künftig in der Kommune keine Frauenabordnungen mehr zugelassen werden sollten. So wurde es beschlossen. Ein weiteres Recht war den Frauen genommen.

Ein paar Monate später, als Robespierre seine Opposition vernichtete, folgte das Verbot für Frauen, an den Zusammenkünften der Clubs und Volksgesellschaften teilzunehmen. Im Mai 1795 verloren sie auch noch das individuelle Petitionsrecht und durften nicht einmal mehr auf den Zuschauertribünen des

Konvents sitzen. Damit war die Zurückdrängung der Frauen aus der politischen Öffentlichkeit perfekt.
Nach dem Regierungsantritt des Direktoriums Ende 1795 wurden nach und nach auch jene revolutionären Gesetze, die Frauen ein gewisses Maß an Gleichberechtigung in den Bürgerrechten zugestanden hatten, rückgängig gemacht. Im patriarchalen »Code civil«, dem napoleonischen Gesetzbuch von 1804, hieß es wieder (und noch bis 1938): »Der Mann ist seiner Frau Schutz, die Frau ihrem Manne Gehorsam schuldig.«
Die absolute Herrschaft des Mannes war wiederhergestellt.

Zeittafel

1748 Am 7. Mai wird Marie Gouze als Tochter des Metzgers Pierre Gouze und seiner Ehefrau Anne-Olympe Mouisset in der südfranzösischen Stadt Montauban geboren.

1765 Marie Gouze wird mit dem Koch Louis-Yves Aubry verheiratet.

1766 Geburt ihres Sohnes Pierre. Kurz darauf wird Marie Witwe. Sie legt den Namen Aubry ab und nennt sich von nun an »Olympe de Gouges«.

1767 oder ein Jahr später verläßt Olympe ihre Heimat und geht mit Jacques Biétrix de Rozières nach Paris.

1774 Ludwig XV. stirbt und hinterläßt seinem Enkel Ludwig XVI. ein zerrüttetes Staatswesen.

1784 Nach dem Tod des Marquis Jean-Jacques Le Franc de Pompignan enthüllt Olympe in ihrem ersten Briefroman das Geheimnis ihrer illegitimen Geburt.

1785 Im Juli wird ihr erstes Theaterstück »Zamore und Mirza oder Der glückliche Schiffbruch« von der Comédie Française angenommen.

1788 Die »Werke von Madame de Gouges« erscheinen. Am 6. November veröffentlicht Olympe de Gouges ihre erste politische Broschüre: »Brief an das Volk oder Plan einer patriotischen Kasse«.

1789 *Mai:* In Versailles treten Frankreichs Generalstände zusammen. Olympe zieht um nach Versailles und diktiert die Schrift »Aufschrei eines Weisen – Von einer Frau«.

Juni: Der Dritte Stand erklärt sich zur Nationalversammlung und bekräftigt im Ballhausschwur, sich erst dann zu trennen, wenn eine neue Verfassung geschaffen ist.

Juli: Die Nationalversammlung erklärt sich zur Konstituante. Am 14. Juli stürmt bewaffnetes Volk in Paris die Bastille.

August: Die Konstituante beschließt die Abschaffung des Feudalwesens und verabschiedet die Erklärung der Menschen- und Bürgerrechte.
September: Olympe veröffentlicht die erste Broschüre, mit der sie sich an die Frauen wendet: »Heroische Tat einer Französin oder Wie Frankreich von den Frauen gerettet wird«.
Oktober: Am 5./6. Oktober Zug der Frauen nach Versailles und Rückkehr mit der königlichen Familie nach Paris. Kurz darauf zieht auch die Nationalversammlung in die Hauptstadt um, ebenso Olympe.
Dezember: In der Comédie Française, inzwischen in Théâtre de la Nation umbenannt, findet die Uraufführung von Olympe de Gouges' Stück »Die Sklaverei der Neger« statt.

1790 *Februar:* Die Nationalversammlung schafft die Ordensgeistlichkeit ab. Gründung der ersten »Brüderlichen Gesellschaft«.
Oktober: Olympes Stück »Das Kloster oder Die erzwungenen Gelübde« wird im Théâtre Comique et Lyrique uraufgeführt.

1791 *April:* Olympe de Gouges verfaßt zu Ehren des verstorbenen Revolutionärs Mirabeau die Flugschrift »Das Grab von Mirabeau« und das Theaterstück »Mirabeau auf den Champs-Elysées«, das in der Comédie Italienne uraufgeführt wird.
Juni: Nach dem gescheiterten Fluchtversuch von Ludwig XVI. schlägt Olympe eine »weibliche Nationalgarde« vor.
September: König Ludwig XVI. schwört feierlich den Eid auf die neue Verfassung. Frankreich ist nun eine konstitutionelle Monarchie. Olympe de Gouges verfaßt ihr berühmtes Manifest »Die Rechte der Frau – An die Königin«, dessen Kernstück die »Erklärung der Rechte der Frau und Bürgerin« bildet.
Oktober: Die Legislative tritt zum ersten Mal zusammen.

1792 *März:* Berufung von Girondisten in die Regierung. *April:* Auf Drängen der Gironde erklärt die Legislative Österreich den Krieg.
August: Am 10. August erstürmen bewaffnete Sansculotten die Tuilerien. Ludwig XVI. wird seines Amtes enthoben und mit seiner Familie gefangengesetzt.
September: In den Pariser Gefängnissen werden mehr als tausend Menschen umgebracht (»Septembermorde«). Am 20. September, dem Tag der Kanonade von Valmy, tritt der Konvent erstmals zusammen. Tags darauf schafft er das Königtum ab und erklärt Frankreich zur Republik. Olympe greift in ihrem Pamphlet »Die Phantome der öffentlichen Meinung« heftig den Revolutionär Jean Paul Marat an.
November: Olympe läßt ihr Pamphlet »Prognose Maximilien Robespierre betreffend, von einem amphibischen Lebewesen« anschlagen.
Dezember: Der Prozeß gegen den König beginnt. Olympe de Gouges bietet dem Konvent an, »der Verteidiger von Louis zu sein«.

1793 *Januar:* Am 21. Januar wird Ludwig XVI. hingerichtet. Zwei Tage später führt das Théatre de la République Olympe de Gouges' Theaterstück »Der Einmarsch von Dumouriez in Brüssel oder Die Marketender« auf.
März: In der Vendée bricht ein royalistischer Aufstand aus. Am 10. März wird ein Revolutionstribunal gebildet. Dumouriez wird bei Neerwinden vernichtend geschlagen.
April: Dumouriez läuft zu den Österreichern über. Auf Antrag Dantons wird der Wohlfahrtsausschuß gebildet. Eine zweibändige, dem Bürger Philippe Egalité gewidmete Ausgabe der Werke Olympe de Gouges' erscheint.
Mai: Pauline Léon und Claire Lacombe gründen am

12. Mai die »Gesellschaft der Revolutionären Republikanerinnen«.
Juni: Nach zweitägiger Belagerung des Konvents werden 29 girondistische Abgeordnete und zwei Minister ihres Amtes enthoben (»Sturz der Gironde«). Olympe de Gouges verfaßt ihr »Politisches Testament«.
Juli: Am 13. Juli wird Jean Paul Marat ermordet, die Attentäterin Charlotte Corday vier Tage später hingerichtet. Am 20. Juli wird Olympe de Gouges wegen ihres Pamphlets »Die drei Urnen oder Das Heil des Vaterlandes, von einem Reisenden der Lüfte« angezeigt und verhaftet.
August: Nach dem Gesetz über das Volksaufgebot (»levée en masse«) wird Frankreich zur belagerten Republik.
September: Bewaffnetes Volk zwingt den Konvent zu schärferem revolutionären Durchgreifen. Am 17. September wird das »Verdächtigen«-Gesetz erlassen. Die »Terreur« beginnt.
Oktober: Am 16. Oktober wird Marie Antoinette hingerichtet. Ende des Monats werden alle Frauenclubs verboten.
November: Olympe de Gouges wird am 3. November auf der Place de la Révolution durch das Fallbeil hingerichtet.

Anmerkungen

Prolog

1 Fleury, Joseph-A. Bénard: Mémoire de Fleury de la Comédie Française, Paris 1904, S. 45 (übersetzt von der Verfasserin).

2 A. Guillois: Etude médico-psychologique sur Olympe de Gouges. Considération générale sur la mentalité des femmes pendant la révolution, Lyon 1904. Zitiert nach Olivier Blanc: Olympe de Gouges, Wien 1989, S. 199. – Wörtlich schrieb Guillois: »Die psychischen Stigmata (Hysterie, geistige Degeneration), weiters gewisse psychische Symptome wie vasomotorische Störungen, Menstruationsstörungen, scheinen bei Olympe de Gouges ein Delirium hervorgerufen zu haben, das eine Tendenz der Systematisation im Sinne von Erostratismus aufweist. Dieses Delirium paranoischer Ausformung scheint in die Kategorie der ›Paranoia Reformatoria‹ (also reformatorischer Ideen) zu passen.«

Der 3. November 1793

1 *Olympe de Gouges au Tribunal révolutionnaire* (Olympe de Gouges vor dem Revolutionstribunal), August 1793. In: Olympe de Gouges: Schriften, hrsg. von Monika Dillier u.a., Basel/Frankfurt am Main 1989, S. 121f.

2 Zitiert nach Salomé Kestenholz: Die Gleichheit vor dem Schafott, Porträts französischer Revolutionärinnen, Darmstadt 1988, S. 35.

3 Zitiert nach Olivier Blanc, a.a.O., S. 177f.

4 Brief vom 3. November 1793: *An den Bürger Degouges, Offizier in der Rheinarmee.* In: Olympe de Gouges: Schriften, a.a.O., S. 131.

5 Zitiert nach Olivier Blanc, a.a.O., S. 181.

6 Brief vom 3. November 1793, a.a.O., S. 130f.

7 Henry Sanson: Mémoires. Zitiert nach Olivier Blanc, a.a.O., S. 184.

8 Blanc, a.a.O., S. 184f.

9 Coloque des morts und A. V. Arnault: Souvenirs d'un sexagénaire. Zitiert nach Blanc, a.a.O., S. 185.

10 Jules Michelet: Die Frauen der Revolution, hrsg. und übers. von Gisela Etzel, München 1984, S. 187.

11 Blanc, a.a.O., S. 186f.

12 Jules Michelet, a.a.O., S. 128, und Ernst Schulin: Die Französische Revolution, München 1988, S. 214.

Kindheit und Jugend im okzitanischen Montauban

1 Olympe Marie de Gouges: Deklaration der Rechte der Frau und Bürgerin (*Déclaration des Droits de la Femme et de la Citoyenne*). In: Die Frau ist frei geboren, Texte zur Frauenemanzipation, Band 1: 1789 bis 1870, hrsg. und kommentiert von Hannelore Schröder, München 1979, S. 31–54. – Marie Olympe de Gouges: Politische Schriften in Auswahl (in französischer Spra-

che), hrsg. von Margarete Wolters und Clara Sutor, Hamburg 1979. – 1980 erschienen Auszüge der Politischen Schriften auch in deutscher Sprache: Olympe de Gouges: Schriften, a.a.O. – Olympe de Gouges: Œuvres. Présentées par Benoîte Groult, Paris 1986.

2 Jules Michelet, a.a.O., S. 92.

3 Zitiert nach Olympe de Gouges: Schriften, a.a.O., S. 179.

4 Der Historiker Henri Wallon (1812–1904) recherchierte als erster die Geburtsakte Olympe de Gouges' und veröffentlichte sie in: Histoire du Tribunal Révolutionnaire de Paris, Tome II, Paris 1880, S. 167–177. Dieser Hinweis findet sich in: Marie Olympe de Gouges: Politische Schriften in Auswahl, a.a.O., S. 30 und S. 40f.

5 Der Originaltitel lautet: *Mémoire de Madame de Valmont sur l'ingratitude et la cruauté de la famille des Flaucourt envers la sienne, dont les sieurs de Flaucourt ont reçu tant de services.* In: Olympe de Gouges: Œuvres, a.a.O., Auszüge S. 215–224. – Falls nicht anders angegeben, stammen die folgenden Zitate aus dieser Quelle, übersetzt von der Verfasserin.

6 Zitiert nach Blanc, a.a.O., S. 9.

7 Blanc, S. 15.

8 *Compte moral* (Rechenschaftsbericht meine Moral betreffend), November 1792, S. 3. Bibliothèque Nationale, übers. v. d. Verf.

9 Brief vom 5. Februar 1787, zitiert nach Blanc, a.a.O., S. 19.

10 Mary-Lafon: La Ninon de 1789. Zitiert nach Blanc, a.a.O., S. 20f.

11 Blanc, S. 22.

Als »femme galante« in Paris

1 Blanc, a.a.O., S. 30.

2 *Avis pressant, ou Réponse à mes Calomniateurs* (Dringende Mitteilung oder Antwort an meine Verleumder), Mai 1789. In: Marie Olympe de Gouges: Politische Schriften in Auswahl, a.a.O., S. 71, übers. v. d. Verf.

3 Vgl. Ruth Jung: Olympe de Gouges, Streiterin für Frauenrechte. In: Sklavin oder Bürgerin? Französische Revolution und Neue Weiblichkeit 1760–1830, Frankfurt und Marburg 1989, S. 77.

4 *L'Homme généreux* (Der Freigebige), Drama in fünf Akten und in Prosa, Januar 1786. Zitiert nach Blanc, a.a.O., S. 27.

5 Louis Sébastien Mercier: Mein Bild von Paris, Frankfurt 1979, S. 148.

6 Ebenda, S. 141f.

7 Ebenda, S. 228f.

8 *Denkschrift von Madame de Valmont*, 1788. In: Olympe de Gouges: Œuvres, a.a.O., S. 222, übers. v. d. Verf.

9 Blanc, a.a.O., S. 10 und S. 27.

10 Olympe de Gouges, Schriften, a.a.O., S. 20f.

11 Ebenda, S. 46f.

12 Nicolas Desessarts: Procès Fameux. Zitiert nach Blanc, a.a.O., S. 33.

13 Zitiert nach Olympe de Gouges: Œuvres, a.a.O., S. 20, übers. v. d. Verf.
14 Zitiert nach Blanc, a.a.O., S. 39 und S. 43.
15 Fleury: Mémoire, a.a.O., S. 63, übers. v. d. Verf.
16 Zitiert nach Blanc, a.a.O., S. 40.
17 Jean Villain: Der Fußgänger von Paris. Nachwort von Louis Sébastien Mercier: Mein Bild von Paris, a.a.O., S. 435.

Das Debüt der Dramatikerin

1 Vgl. hierzu Walter Markov: Revolution im Zeugenstand, Frankreich 1789–1799, Band 1: Aussagen und Analysen, Frankfurt am Main 1987, S. 24f.; W. Markov/A. Soboul: 1789 – Die Große Revolution der Franzosen, Köln 1977, S. 21. – Blanc gibt an, daß die »Hälfte des französischen Außenhandels kurz vor der Revolution [...] mit den Kolonien betrieben« wurde. »Saint-Domingue«, erläutert er, »war eine der wichtigsten französischen Kolonien mit 32.650 Weißen, 7.055 Mulatten und 249.089 schwarzen Sklaven (gemäß der Erhebung von 1779).« (A.a.O., S. 68f. und S. 218)
2 *Zamore et Mirza, ou l'heureux naufrage*. Zitiert nach Blanc, a.a.O., S. 47.
3 *Lucinde et Cardenio, ou le Fou par Amour*. Kommentar in: *Les Comédiens démasqués, ou Madame de Gouges ruinée par la Comédie Française pour se faire jouer,* Paris 1790, S. 7 und 8. Bibliothèque Nationale, übers. v. d. Verf.
4 Zitiert nach Blanc, a.a.O., S. 49.
5 Fleury: Mémoire, a.a.O., S. 53f., übers. v. d. Verf.
6 Jean Villain, a.a.O., S. 410f.
7 Zitiert nach Blanc, a.a.O., S. 45.
8 *Le Mariage inattendu de Chérubin*, Komödie in 3 Akten und in Prosa, 1786, Vorwort, S. VII u. VIII. Bibliothèque Nationale, übers. v. d. Verf.
9 *Le Philosophe corrigé ou le Cocu Supposé.* Komödie in 5 Akten und in Prosa, 1787, Vorwort, S. 13f. Bibliothèque Nationale, übers. v. d. Verf.
10 »Mercure de France« vom 4. März 1786. Zitiert nach Blanc, a.a.O., S. 53f.
11 Zitiert nach Olympe de Gouges: Œuvres, a.a.O., S. 21, übers. v. d. Verf.
12 Brief vom 10. April 1786. Zitiert nach Blanc, a.a.O., S. 60.
13 Brief vom 18. Februar 1787, unterzeichnet von De La Porte. In: *Les Comédiens démasqués,* a.a.O., S. 14, übers. v. d. Verf.

Am Vorabend der Revolution

1 Jean Villain, a.a.O., S. 433.
2 Markov/Soboul: 1789, a.a.O., S. 56f.

3 Zitiert nach Walter Markov: Revolution im Zeugenstand, a.a.O., S. 17.
4 Markov/Soboul: 1789, a.a.O., S. 59.
5 Fleury: Mémoire, a.a.O., S. 63, S. 49f. und S. 45f., übers. v. d. Verf.
6 *Le Philosophe corrigé*, a.a.O., Vorwort, S. 11f. und *Le Bon Sens Français, ou l'Apologie des vrais Nobles*, 1792, S. 47. Bibliothèque Nationale, übers. v. d. Verf.
7 *Reflexions sur les hommes nègres*, Februar 1788. In: Olympe de Gouges: Œuvres, a.a.O., S. 83ff., übers. v. d. Verf.
8 *Lettre au peuple, ou Projet d'une caisse patriotique, par une citoyenne*, August 1788. In: Marie Olympe de Gouges: Politische Schriften in Auswahl, a.a.O., S. 67. (Übers. v. d. Verf., auch alle folgenden Zitate aus diesem Dokument)
9 Jean Villain, a.a.O., S. 398.
10 Marie Olympe de Gouges: Politische Schriften in Auswahl, a.a.O., S. 142.
11 *Remarques patriotiques, par la citoyenne auteur de la »Lettre au peuple«*, 1788. In: Olympe de Gouges: Œuvres, a.a.O., S. 75. (Übers. v. d. Verf., auch alle folgenden Zitate aus diesem Dokument)
12 Marie Olympe de Gouges: Politische Schriften in Auswahl, a.a.O., S. 142.
13 Abbé Sieyès: Qu'est-ce que le Tiers-Etat, Flugschrift, Januar 1789. Zitiert nach Ernst Schulin: Die Französische Revolution, München 1988, S. 55.
14 Zitiert nach Walter Markov, Band 1, a.a.O., S. 58.

Das Ende des Ancien Régime ...

1 Zitiert nach Olympe de Gouges: Schriften, a.a.O., Anmerkungen, S. 143.
2 *Le Cri du Sage, Par une Femme*, Mai 1789. Zitiert nach Olympe de Gouges: Schriften, a.a.O., S. 10.
3 Zitiert nach Elisabeth Badinter: Die Mutterliebe. Geschichte eines Gefühls vom 17. Jahrhundert bis heute, München 1981, S. 9.
4 Rousseau: Emile oder über die Erziehung, München 1979, S. 467, 477, 484, 509, 522, 539.
5 Zitiert nach Olympe de Gouges: Schriften, a.a.O., Anmerkungen, S. 141; auch die folgende Briefstelle ebenda.
6 *Le Cri du Sage*, a.a.O., S. 10 und 12.
7 *Le Cri du Sage.* Zitiert nach Olympe de Gouges: Œuvres, a.a.O., S. 91, übers. v. d. Verf.
8 *Le Cri du Sage.* Zitiert nach Olympe de Gouges: Schriften, a.a.O., S. 14.
9 *Pour sauver la patrie, il faut respecter les trois ordres, c'est le seul moyen de conciliation qui nous reste.* In: Marie Olympe de Gouges: Politische Schriften in Auswahl, a.a.O., S. 75–79.

10 *Avis pressant, ou Réponse à mes calomniateurs.* In: Marie Olympe de Gouges: Politische Schriften in Auswahl, a. a. O., S. 69–74; übers. v. d. Verf.
11 *Epître dédicatoire à Sa majesté Louis XVI*, 1789. Zitiert nach Blanc, a. a. O., S. 92.
12 *Séance royale*, 1789. Zitiert nach Olympe de Gouges: Schriften, a. a. O., S. 23f.
13 *Départ de M. Necker et de Madame de Gouges, ou Les Adieux de Madame de Gouges à M. Necker – Aux Français et à M. Necker.* April 1790, S. 11f. Bibliothèque Nationale, übers. v. d. Verf. Und: Blanc, a. a. O., S. 93.
14 Zitiert nach Olympe de Gouges: Schriften, a. a. O., S. 145.
15 *Action héroique d'une Française, ou la France sauvée par les femmes.* In: Olympe de Gouges: Schriften, a. a. O., S. 15–18.
16 Brief vom 11. 9. 1789. Zitiert nach Blanc, a. a. O., S. 96.
17 In: *Le Bon Sens Français, ou l'Apologie des vrais Nobles*, S. 42. Bibliothèque Nationale, übers. v. d. Verf.
18 Michelet, a. a. O., S. 24.

Die Menschenrechte und das Drama »Die Sklaverei der Neger«

1 Schreiben der »Freunde der Schwarzen« vom 6. Juni 1789 an Necker. Zitiert nach Markov: Revolution im Zeugenstand, Band 1, a. a. O., S. 67.
2 *L'Esclavage des Nègres.* Olympe de Gouges wird das Stück 1792 unter dem Titel *L'Esclavage des Noirs ou L'Heureux Naufrage* (Die Sklaverei der Schwarzen oder Der glückliche Schiffbruch) drucken lassen.
3 Zitiert nach Blanc, a. a. O., S. 72ff.
4 *Réponse au Champion Américain.* Zitiert nach Ruth Jung, a. a. O., S. 82f.
5 Zitiert nach Blanc, a. a. O., S. 76.
6 »Chronique de Paris« vom 29. Dezember 1789. Bibliothèque Nationale, übers. v. d. Verf.
7 Zitiert nach Blanc, a. a. O., S. 77f.
8 *Départ de M. Necker et de Madame de Gouges*, a. a. O., S. 36, übers. v. d. Verf.
9 Zitiert nach Blanc, a. a. O., S. 83f.

Die Zeit der Konstituante

1 Michelet, a. a. O., S. 66.
2 *Le Couvent ou les Vœux Forcés.* In: Olympe de Gouges: Œuvres, a. a. O., S. 180–211.
3 *Le Prince Philosophe – Conte Oriental.* In: Olympe de Gouges: Œuvres, a. a. O., S. 225–228, übers. v. d. Verf.
4 *Mirabeau aux Champs-Elysées*, April 1791, Komödie in einem Akt und in

Prosa, Vorwort, zitiert nach Olympe de Gouges: Œuvres, a.a.O., S. 151 und Blanc, a.a.O., S. 114.

5 *Le Tombeau de Mirabeau.* In: Marie Olympe de Gouges: Politische Schriften in Auswahl, a.a.O., S. 97–98.

6 *Mirabeau aux Champs-Elysées.* Zitiert nach: Olympe de Gouges: Œuvres, a.a.O., S. 158f., übers. v. d. Verf.

7 Zitiert nach Ernst Schulin, a.a.O., S. 108.

8 *Repentir de Madame de Gouges*, September 1791, zitiert nach Olympe de Gouges: Schriften, a.a.O., S. 31–35.

9 Zitiert nach Schulin, a.a.O., S. 110.

Die Erklärung der Frauenrechte

1 *Les Droits de la Femme. A la Reine.* Französischer Originaltext in Marie Olympe de Gouges: Politische Schriften in Auswahl, a.a.O., S. 105–118. Ich zitiere hier und im folgenden nach den deutschen Übersetzungen in: Die Frau ist frei geboren, Texte zur Frauenemanzipation, Band 1, hrsg. und kommentiert von Hannelore Schröder, München 1979, S. 32–49, sowie in: Olympe de Gouges: Schriften, a.a.O., S. 36–54. Zum Teil durch eigene Übersetzung revidiert.

2 Zitiert nach Ute Gerhard: Menschenrechte – Frauenrechte 1789. In: Sklavin oder Bürgerin?, a.a.O., S. 57. Im Anhang des Aufsatzes werden die Frauenrechts- und die Menschenrechtserklärung einander gegenübergestellt.

3 Zitiert nach Olympe de Gouges: Œuvres, a.a.O., S. 30, übers. v. d. Verf.

4 *Sur l'admission des femmes au droit de Cité*, 1790. Zitiert nach der deutschen Übersetzung in: Die Frau ist frei geboren, Texte zur Frauenemanzipation, a.a.O., S. 55–62.

5 Michelet, a.a.O., S. 77.

6 Zitiert nach: Die Frau ist frei geboren, a.a.O., S. 146–151.

7 Zitiert nach Jutta Menschik: Feminismus – Geschichte, Theorie, Praxis, Köln 1977, S. 23.

8 Ute Gerhard: Menschenrechte – Frauenrechte 1789, a.a.O., S. 55.

9 Jutta Menschik, a.a.O., S. 9. – Vgl. Lottemi Doormann: Feminismus contra Marxismus? In dieselbe (Hg.): Keiner schiebt uns weg. Zwischenbilanz der Frauenbewegung in der Bundesrepublik, Weinheim und Basel 1979, S. 37ff.

10 *Avis pressant, ou Réponse à mes calomniateurs*, 1789. Zitiert nach Blanc, a.a.O., S. 193.

11 Kestenholz, a.a.O., S. 47.

12 Zitiert nach ebenda, S. 54.

13 *Lettre au Roi, lettre à la Reine*, 1792. Zitiert nach Blanc, a.a.O., S. 194.

14 Zitiert nach ebenda, S. 195.

15 Zitiert nach Schulin, a.a.O., S. 95.
16 »Ami du Peuple« vom 30. Juni 1790. Zitiert nach Walter Markov: Revolution im Zeugenstand, Band 1, a.a.O., S. 145f.
17 Ute Gerhard: Menschenrechte – Frauenrechte 1789, a.a.O., S. 64.

Die Zeit der Legislative und der Sturz des Königs

1 Zitiert nach Markov, Band 1, a.a.O., S. 197ff.; die Reden Brissots und Robespierres dokumentiert Band 2, S. 198ff.
2 Susanne Petersen: Marktfrauen und Amazonen, Frauen in der Französischen Revolution, Köln 1989, S. 106. Zitiert nach Markov, Band 1, S. 199.
3 *Le Bon Sens français, ou l'Apologie des vrais Nobles, dédiée aux Jacobins.* In: Marie Olympe de Gouges: Politische Schriften in Auswahl, S. 121–147; Manuel-Brief S. 123f., de Gouges-Zitat S. 124, übers. v. d. Verf.
4 Brief vom 16. 4. 1792 und Archives Parlamentaires vom 16. 4. 1792. Zitiert nach Blanc, a.a.O., S. 124f.
5 *Grande Eclipse du Soleil Jacobiniste et de la Lune Feuillantine, dédié à la Terre* (der Erde gewidmet). Zitiert nach Blanc, a.a.O., S. 126.
6 Zitiert nach Blanc, a.a.O., S. 127f.
7 Zitiert nach ebenda, S. 137.
8 Journal »Le Tableau de Paris«. Zitiert nach Blanc, a.a.O., S. 135.
9 Zitiert nach Markov, Band 1, a.a.O., S. 227.
10 *Adresse au Don Quichotte du Nord,* Paris 1792, S. 8. Bibliothèque Nationale, übers. v. d. Verf.
11 *La Fierté de l'Innocence, ou le Silence du véritable Patriotisme*, September 1792, S. 2. Bibliothèque Nationale, übers. v. d. Verf.
12 Zitiert nach Markov, Band 1, a.a.O., S. 246.

Der Konvent und das »Jahr I der Republik«

1 Markov, Band 1, a.a.O., S. 266.
2 J.A. Dulaure. Zitiert nach Blanc, a.a.O., S. 143.
3 *Les Fantômes de l'Opinion publique*, 1792, S. 5f. Bibliothèque Nationale, übers. v. d. Verf.
4 Zitiert nach Schulin, a.a.O., S. 192.
5 *Pronostic sur Maximilien Robespierre, par un animal amphibie.* Französischer Originaltext in Marie Olympe de Gouges: Politische Schriften in Auswahl, a.a.O., S. 178–180. Zitiert nach der deutschen Übersetzung in: Olympe de Gouges: Schriften, a.a.O., S. 91–95. Zum Teil durch eigene Übersetzung revidiert.
6 Zitiert nach Markov, Band 1, a.a.O., S. 267.
7 *Réponse à la justification de Maximilien Robespierre, adressée à Jérome Pétion, par Olympe Degouges.* Französischer Originaltext in: Marie Olympe de Gouges: Politische Schriften in Auswahl, a.a.O., S. 181–184.

Hier und im folgenden zitiert nach der deutschen Übersetzung in: Olympe de Gouges: Schriften, a.a.O., S. 96–102. Zum Teil durch eigene Übersetzung revidiert.

8 Zitiert nach Markov, Band 1, a.a.O., S. 275.

9 Brief vom 15. Dezember 1792. In: Marie Olympe de Gouges: Politische Schriften in Auswahl, a.a.O., S. 186f., übers. v. d. Verf.

10 »Journal Historique et Politique« vom 20. Dezember 1792. Zitiert nach Blanc, a.a.O., S. 149f.

11 Fleury, a.a.O., S. 47. Zitiert nach Olympe de Gouges: Schriften, a.a.O., S. 178.

12 *Arrêt de mort que présente Olympe de Gouges contre Louis Capet*, 18. Januar 1793. Zitiert nach Olympe de Gouges: Schriften, a.a.O., S. 79f.

Der Sturz der Gironde und die Verhaftung

1 *L'Entrée de Dumouriez à Bruxelles, ou les Vivandiers, pièce en cinq actes et en prose, par Olympe de Gouges.* Januar 1793, Vorwort, Bibliothèque Nationale. Und: *Complots dévoilés*, 1793. Zitiert nach Blanc, a.a.O., S. 154f. – Kurz vor der Aufführung hatte Olympe de Gouges zwei andere Plakate mit den Titeln *Olympe de Gouges an Dumouriez* und *Mitteilung ans Publikum betreffs einer Komödie über den Einmarsch von Dumouriez in Brüssel* anschlagen lassen.

2 *Avis pressant à la Convention, Par une Vraie Républicaine*, April 1793, S. 5. Bibliothèque Nationale, übers. v. d. Verf.

3 Zitiert nach Blanc, a.a.O., S. 159.

4 *Avis pressant à la Convention*, a.a.O., S. 12.

5 *Compte moral*, November 1792, S. 2. Bibliothèque Nationale.

6 Zitiert nach: Gründungsaufruf der Revolutionären Republikanerinnen, in: Susanne Petersen, a.a.O., S. 179f.

7 Zitiert nach Petersen, a.a.O., S. 175.

8 Zitiert nach Salomé Kestenholz, a.a.O., S. 57.

9 *Testament politique d'Olympe de Gouges.* In: Marie Olympe de Gouges: Politische Schriften in Auswahl, a.a.O., S. 201–206. Zitate aus diesem Dokument hier und im folgenden übersetzt von der Verfasserin.

10 Zitiert nach Blanc, a.a.O., S. 164.

11 Michelet, a.a.O., S. 166f.

12 *Prognose Maximilien Robespierre betreffend*, 5. November 1792. Zitiert nach Olympe de Gouges: Schriften, a.a.O., S. 95. – Brief vom 20. Juli 1793 an Cubières. Zitiert nach Blanc, a.a.O., S. 166f.

13 Die Umstände der Verhaftung hat Blanc u.a. in den Archiven der Polizeipräfektur recherchiert. Ich beziehe mich hier weitgehend auf seine Angaben.

14 *Olympe de Gouges au Tribunal Révolutionnaire*, Streitschrift vom August 1793. Zitiert nach Olympe de Gouges: Schriften, a.a.O., S. 126.

Die Revolution frißt ihre Kinder

1 *Olympe de Gouges au Tribunal Révolutionnaire*, a. a. O., S. 127 f.
2 Zitiert nach Blanc, a. a. O., S. 169. – Die protokollierten Verhöre befinden sich in den Archives Nationales Paris.
3 *Les Trois Urnes, ou le Salut de la Patrie.* Zitiert nach Olympe de Gouges: Schriften, a. a. O., S. 115–120.
4 Zitiert nach Schulin, a. a. O., S. 211.
5 *Olympe de Gouges au Tribunal Révolutionnaire*, a. a. O., S. 121–129.
6 Zitiert nach Olympe de Gouges: Schriften, a. a. O., S. 161.
7 Blanc, a. a. O., S. 175.
8 Fleury, a. a. O., S. 64, übers. v. d. Verf.

Epilog

1 Zitiert nach Blanc, a. a. O., S. 205.
2 »Révolutions de Paris«, zitiert nach Petersen, a. a. O., S. 217.
3 Zitiert nach ebenda, S. 221–225.
4 »Moniteur« vom 17. November 1793. Zitiert nach ebenda, S. 226. Fast gleichlautend auch in »La Feuille du Salut public« vom 17. November 1793.
5 Ratssitzung der Pariser Kommune am 15. November 1793. Protokolliert im »Moniteur« vom 17. November 1793 sowie im »Courrier Républicain« vom 19. November 1793. Zitiert nach Petersen, a. a. O., S. 227–229, und nach Ruth Jung, a. a. O., S. 87.

Bildnachweis

S. 17, 125, 138 aus: Olivier Blanc, »Une Femme de Libertés – Olympe de Gouges«, © 1989 by Syros/Alternatives, Paris; S. 33, 83, 115, 161 aus: »Sklavin oder Bürgerin? – Französische Revolution und Neue Weiblichkeit 1760–1830«, © 1989 by Historisches Museum Frankfurt am Main und Jonas Verlag für Kunst und Literatur, Marburg; S. 40, 57 aus: Walter Markov/Albert Soboul, »1789 – Die große Revolution der Franzosen«, Pahl-Rugenstein Verlag, Köln 1989, © by Urania Verlag, Leipzig/Jena/Berlin; S. 45 aus: Margot Berthold, »Weltgeschichte des Theaters«, © 1968 by Alfred Kröner Verlag, Stuttgart; S. 63, 65, 99, 147 aus: Benoite Groult, »Olympe de Gouges Œuvres«, © 1986 by Mercure de France, Paris; S. 81 aus: Otto Flake, »Die Französische Revolution 1789–1799«, © 1967 by C. Bertelsmann Verlag, Gütersloh.

Biographien

Heike Brandt
»Die Menschenrechte haben kein Geschlecht«
Die Lebensgeschichte der Hedwig Dohm
128 Seiten mit Fotos (80688)
Auswahlliste Deutscher Jugendliteraturpreis

Irmela Brender
Vor allem die Freiheit
Die Lebensgeschichte der George Sand
112 Seiten mit Abbildungen (80670)

Frederik Hetmann
So leicht verletzbar unser Herz
Die Lebensgeschichte der Sylvia Plath
112 Seiten mit Fotos (80681)

Charlotte Kerner
Alle Schönheit des Himmels
Die Lebensgeschichte der Hildegard von Bingen
192 Seiten mit Abbildungen (80726)

Charlotte Kerner
Seidenraupe, Dschungelblüte
Die Lebensgeschichte der Maria Sibylla Merian
112 Seiten mit Abbildungen (80675)
Auswahlliste Deutscher Jugendliteraturpreis

Petra Oelker
»Nichts als eine Komödiantin«
Die Lebensgeschichte der Friederike Caroline Neuber
152 Seiten mit Abbildungen (80724)

Mirjam Pressler
Ich sehne mich so
Die Lebensgeschichte der Anne Frank
160 Seiten mit Fotos (80722)

Margret Steenfatt
Ich, Paula
Die Lebensgeschichte der Paula Modersohn-Becker
140 Seiten mit Abbildungen (80646)